美しき、季節と日本語

手紙やメールで使いたい
表現力のお手本帖

夏井いつき

はじめに

　どうして日本に季語や歳時記という文化が生まれたのでしょうか。万葉集や古今和歌集の時代から季節の詩や歌を詠むことは盛んでした。平安時代に和歌、鎌倉時代に連歌、そして江戸時代に俳諧が生まれると、季語はその中になくてはならない物となりました。そのようにみていくと、季語は詩歌や俳句のために作られた物に思えますが、私はこんなふうにも考えます。季節と一体となった島国日本の暮らしの中で、生きる糧を生み出してくれる季節の恵みに感謝し、季節の挨拶を重んじる心は、詩歌が生まれるもっと以前からありました。季語が季語と呼ばれる前から、生活の中で季節の景物はひとつずつ言葉にされ、度々口ずさまれ、それを広く長く伝えてゆくために、詩歌が生まれたのかもしれません。鶏と卵のような関係といえばよいでしょうか。元々季語は俳句の為だけでなく、生活を彩り豊かにする為の楽しい約束事だったのかもしれないと思えてなりません。

季語や節気の名によって時候の挨拶を交わす習慣は日本ならではのものです。が、あまりに盛んに行われ、時候の挨拶集などが普及した結果、今では本来の季節に対する感謝や挨拶の心が形骸化されてしまった感もあります。「桜の花も咲き揃い」という決まり切った書き出しの手紙では、しみじみと春を感じ桜の花びらを色鮮やかに思い起こす気持ちが、薄れたりもします。「朝、いつもの散歩道に、今年初めての桜が一輪匂やかに、私を待っていてくれました」と、自分が出会った季語を具体的に自分の言葉にすることで生活に彩りが生まれ、季節の中で共に生きる喜びを分かち合えるのです。

本書ではそのためのヒントを紹介していきたいと思います。

夏井いつき

もくじ

序章

季語を使った手紙やメールの書き方

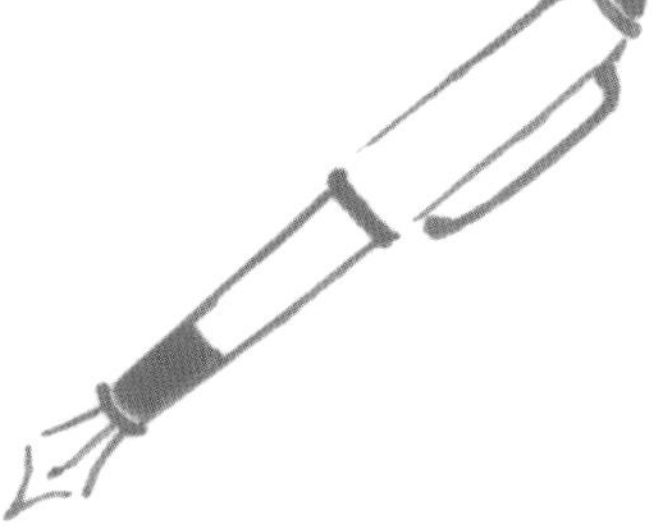

日本人ならではの四季を感じる文化を大切にしましょう

日本人は季節を大切にする国民です。それをよく表しているのが和食でしょう。器から添えられる飾りまで、季節感にあふれています。

では、なぜ日本人はこれほどまでに季節を重視するのでしょうか。四季がはっきりしているからともいわれますが、日本のように四季がわかれている国はほかにも意外とあるものです。

日本がほかの国と大きく違う点、それは季節を感じ、それを言語化して残してきたということではないでしょうか。

和歌はさまざまなことをテーマに詠《よ》みますが、季節を歌ったものがとても多くあります。たとえば『百人一首』では、その約4割が季節を詠んだ歌です。

また、日本最古の和歌集である『万葉集』には一般庶民の和歌も収録されていることからもわかるように、日本では季節を感じ、歌を詠むということが、貴族の特権的な遊びではなく、広く普及していました。

季語を取り入れることが基本のルールになっている俳句は連歌が変化し、江戸時代にできたものですが、俳句のような庶民文化が大きく花開いたのも、古くからの積み重ねがあったからこそといえるでしょう。

しかし、みなさんはこのような日本ならではの文化を大切にしているでしょうか。手紙を書く時には時候の挨拶を入れるかもしれませんが、それは単に、その時期に合わせて定型文の中から選んでいるだけではありませんか？

そのような儀礼的な挨拶は、受け取る側にとってもとても退屈で、印象に残りません。

逆にいえば、情景が浮かぶようないきいきとした季節の挨拶が入るだけで、読み手は手紙にグッと引き込まれ、そのような一文を書ける人に魅力を感じるものではないでしょうか。

感じたままを表現することが大切 まずは季節を感じてみましょう

季節をいきいきと表現するためには、当然ながら自分自身が季節を感じることが大切です。

現代は生活が便利になるとともに、自然が失われ、季節を感じづらくなっています。特に都会では草花やそれに集まる虫、鳥なども少なく、一年中街の表情があまり変わりません。

しかし、視点を変えてみれば、実はそこここに、その季節らしさがあふれています。それは道端の小さな花壇に植えられた花であったり、雲の形であったり。

それぞれの花がどの季節に咲くのかわからないという人でも、日々観察する癖《くせ》がついていると次第に「この花が咲いたからもう春だな」とわかるようになってくるものです。

そして何年も続けていると、今年はこの花の色が薄いとか、実が多くついたということにも気づくようになるでしょう。

また、意識をするようになると、不思議と鳥や花の名前が知りたくなり、調べるのも楽しみになります。

こんな季節探しは、通勤などで歩いている間にもできますし、電車や信号を待っている間にもおすすめです。せっかくいつも同じ場所に立つのですから、３６０度ぐるりと回って定点観測をしてみるのです。

特に何もないところでも日の高さが変わってい

たり、いつも見かける人が衣替えをしたことに気づいたりと、何かしら発見があるでしょう。
　季節を意識していると、その変化を自然と人に話したくなるものです。その思いを手紙などでもそのまま表せば、あなたが感じた季節がいきいきと伝わるはずです。

春
「蝶々《ちょうちょう》」
信号待ちの車の前を
真っ白な蝶々が、
海を渡るヨットの帆みたいに
横断して行きました。

夏
「紫陽花《あじさい》」
紫陽花が庭に咲き
広がり過ぎて、
まるでテントを
張ったように
賑やかです。

冬
「湯気立《ゆげたて》」
眠る赤ん坊のそばで
湯気が微かな
音を立てて
舞うのを見ると、
心が安らぎます

秋
「冬支度《ふゆじたく》」
冬支度やるよ、と
娘達に呼びかけたら、
長女はサンタの靴下吊るし、
次女は冬眠しました。

よく見れば街には季語があふれています

季節を感じられる場所というと、山や森など自然の中をイメージするかもしれません。しかし、ありふれた景色も、季節によって大きく変化しているのです。

花壇

道端や駅などにある花壇の花は、身近に季節を感じさせてくれるポイントです。種類が少なく色も地味な冬の花壇が春になると、一気にパステルな春らしい花であふれるなど、花壇だけでも十分に季節の移り変わりが感じられるでしょう。

和菓子屋

和食同様に、季節感を大切にする和菓子。茶道でも使われる練り菓子は季節の要素をかたどった美しいものばかり。春には桜餅や道明寺、夏には若鮎や水ようかんなど、見た目も楽しませてくれます。

ショーウィンドー

街を歩くと目に飛び込んでくる大きな硝子のショーウィンドーは、季節を先取りした季語の花園。ファッショナブルにしてアーティスティックな空間を横目で通り過ぎるのではなく、季語を見つけるという視点で立ち止まってみてみませんか。

八百屋
果物屋

温室栽培や空輸が一般的になっていますが、春のそらまめや夏のとうもろこし、枝豆など、季節らしい野菜もあります。また、果物は野菜以上に季節ごとにしか出回らないものが多くあります。たとえば秋の梨でも幸水など品種ごとであれば、出回っているのはごく短期間。こういった旬の味を見つけたら、味わうのも忘れずに。

空

季節によって空も変化しています。特に特徴的なのは雲。夏の入道雲のほか、秋の鰯雲《いわしぐも》など、特徴的な雲を探してみましょう。また、夜になれば星や月も季節感を伝えてくれます。月は季語の中でも重要な存在です。仲秋の名月や春の朧月など、月の変化だけでも楽しめるのではないでしょうか。

人

季節らしさを一番感じられるのは、実は人間そのものかもしれません。ファッションはもちろんですが、冬になって風邪がはやってくればマスクをしている人が増えたり、春になると入社、入学をする真新しい制服やスーツを着ていたり。この人は着膨れしているなとか、汗っかきだなというように、人を観察するのもおすすめです。

季語はファッション誌と同じく〝先取り〟が大切です

季語は旧暦で設定されているため、実感とはずれを感じるかもしれません。たとえば立春は2月4日頃ですが、実際にはそれぐらいの時期は一年で最も寒い時期であり、〝春の始まり〟とは感じられないでしょう。

また、季語は京都周辺の季節に合わせて設定されているため、京都から離れれば離れるほど、ずれが生まれますし、近年では温暖化も季語とのずれに影響しています。

いきいきと季節感を伝えるためには、自分が感じることが重要ですから、時には季語に設定された時期と少しずれてしまうことがあるかもしれません。

とはいえ季語を使う時には、〝先取り〟の感覚がとても大切です。たとえばファッション誌では、季節をかなり先取りするのが普通ですよね。夏がようやく終わったと思った頃には、真冬のファッションを紹介しているといったように。

季語もこれほどまでとはいいませんが、季節をひとつ先取りするぐらいが粋《いき》なのです。そのためには花がつぼみをつけたり、花を咲かせたりするのも、穴から虫がはいでてくるのも、誰よりも早く見つけるぐらい季節の変化に敏感でいることが大切。左のページではよく知られている季語を季節ごとにまとめてみましたので、季語の先取り感の目安にしてみましょう。

季語の種類

季語の種類		季語の例
時候	春	旧正月、早春、啓蟄、うららか、木の芽時、のどか
	夏	五月、初夏、小満、夏至、入梅、土用
	秋	立秋、夜長、長月、秋深し、二百十日、肌寒
	冬	短日、凍る、小春、大雪、節分、三寒四温
天文	春	淡雪、朧月、春一番、花曇、蜃気楼、菜種梅雨
	夏	夕立、梅雨、雷、雹、虹、夕焼
	秋	流れ星、鰯雲、天の川、霧、稲妻、十六夜
	冬	オリオン、北風、霜、隙間風、凩、時雨
地理	春	薄氷、焼野、雪崩、水温む、流氷、潮干潟
	夏	赤潮、滝、清水、泉、植田、赤富士
	秋	花野、不知火、高潮、初潮、刈田
	冬	枯野、凍土、霜柱、氷、御神渡り、氷海
生活	春	蜆汁、耕、春眠、雛祭、花見、ゴールデンウィーク
	夏	アイスクリーム、汗、網戸、団扇、香水、水虫
	秋	運動会、枝豆、夜食、七夕、新米
	冬	熱燗、息白し、おでん、着膨れ、日向ぼこ、雪合戦
行事	春	遍路、開帳、バレンタインの日、お水取り、花祭、虚子忌
	夏	祭、朝顔市、富士詣、茅の輪、夏神楽
	秋	秋祭、送り火、大文字、灯篭流し、子規忌
	冬	夜神楽、酉の市、七五三、芭蕉忌、クリスマス
動物	春	鶯、蛙、蝶、蛤、白魚、猫の子
	夏	鯵、烏賊、蚊、毛虫、初鰹、蛇衣を脱ぐ
	秋	赤蜻蛉、鰯、地虫鳴く、渡り鳥、燕帰る、秋刀魚
	冬	牡蠣、鴨、金目鯛、水鳥、熊穴に入る、河豚
植物	春	青海苔、木の芽、シクラメン、沈丁花、蓬、梅
	夏	青葉、葉桜、牡丹、玉葱、苺、薔薇、紫陽花
	秋	稲、菊、椎茸、生姜、鳳仙花、柿
	冬	落葉、大根、万両、山茶花、ポインセチア、水仙

日本の季節は実は四季ではありません

季節というと「春・夏・秋・冬」の四季と思いがちですが、実は日本には「二十四節気」という季節分類があります。

これはその名の通り、一年を24の期間に分ける季節変化の指標で、旧暦で季節を表すために江戸時代から使われるようになりました。

今でもよく耳にする立春や春分、夏至などの季節を表す言葉も、二十四節気によるものです。

つまり立春はその日だけを指す言葉のように思われがちですが、実は2月19日の次の節気、雨水になるまでの15日間を指すのです。

また、節分というと今では2月3日頃の節分を指すようになっていますが、かつては四季ごとに節分があり、立春、立夏、立秋、立冬の前日を指していました。

それぞれの節をさらに3つに分けた「七十二候」という季節分類もあるのですが、あまりにも細かく分かれていると、はじめは混乱するかもしれません。

そのため本書では四季を「初・仲・晩」の3つ、つまり一年を12の期間に分けて季語を紹介していきます。また、その三期間中（三春、三夏、三秋、三冬）ずっと使える季語もあります。

本書では、たとえば春の場合、春の間ずっと使うことができる三春を紹介し、そのあとに初春、仲春、晩春と四区分に分け、解説しています。

二十四節気・三区分

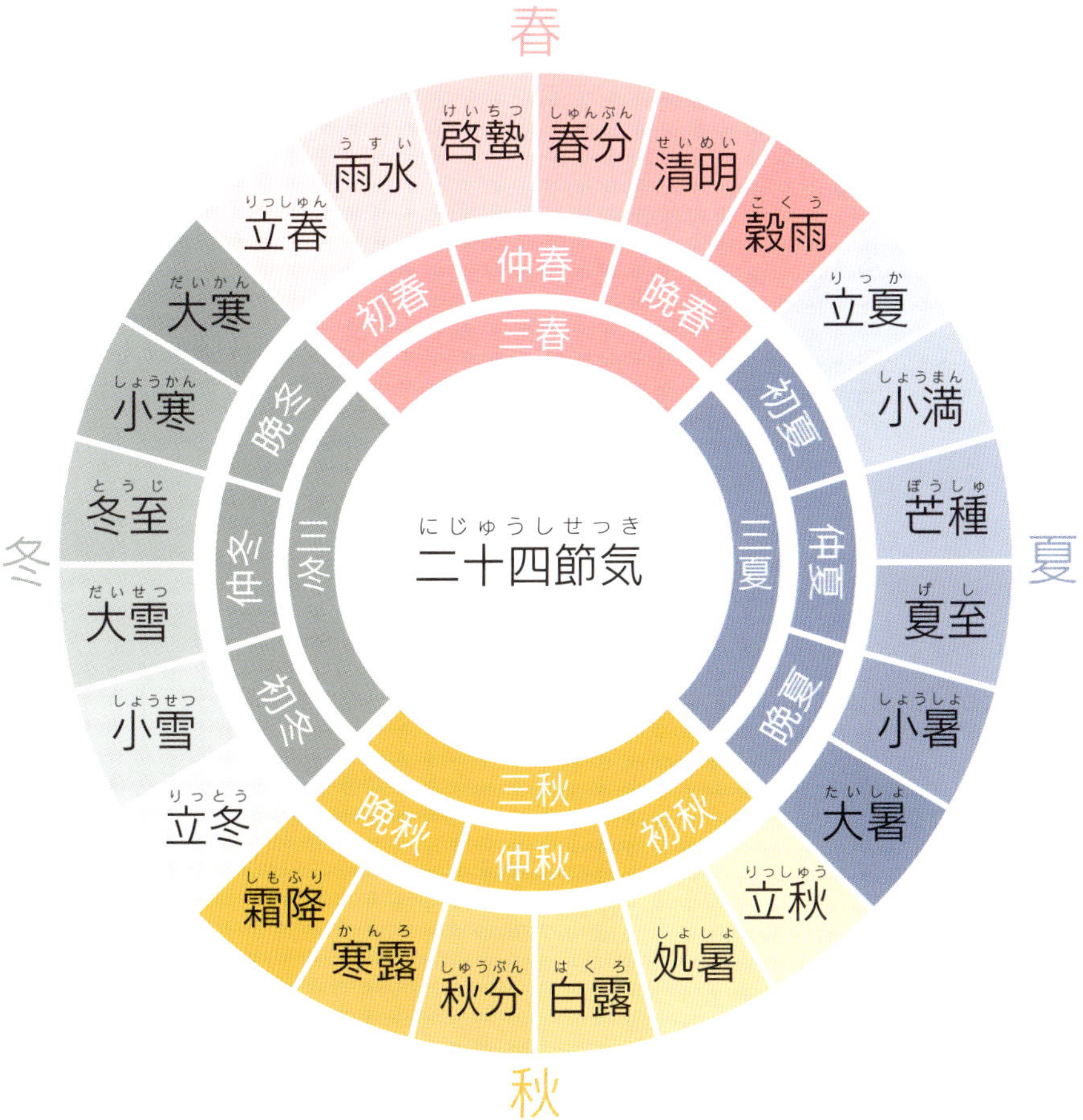

四季それぞれの中に６つの季節があるのが二十四節気。立春や春分、秋分、夏至、冬至などは今でもよく使われているのでみなさんもご存知でしょう。この節気をふたつずつまとめ、初、仲、晩としているのが三区分です。また、春や夏の間中使える季語、三春、三夏などがあります。

季語それぞれが持つ「成分」に合わせて表現する

いきいきと季語を表現するためには、自分で感じることが大切だと説明しましたが、その際、それぞれの季語が持つ「成分」を分析してみると、上手に伝えられるようになります。

成分というのは視覚、聴覚、嗅覚、味覚、触覚の五感プラス、連想力の6項目です。

連想力というのはイメージ力を喚起する要素です。たとえば「亀鳴く」「蚯蚓《みみず》鳴く」といった季語がありますが、実際に亀も蚯蚓も鳴きません。しかし、のどかな春の池で鳴く亀も、生の切なさに鳴く秋の夜の蚯蚓も、いかにもそれぞれの季節らしい風情でイメージすることができます。

私はそれぞれの季語の成分の構成をパーセンテージでイメージします。たとえば

■チューリップ

視覚60％、嗅覚10％、触覚10％、連想力20％

■目刺

視覚25％、聴覚5％、嗅覚25％、味覚25％、触覚10％、連想力10％

といった具合です。

しかしこのように合わせて100％にする方法は面倒かもしれません。はじめはそれぞれの項目を10点中何点かを考え、マトリクスにしていくのが手軽です。そしてその季語を使う時は、成分の中で点数の高い要素を強調して表現をすれば、相手にもいきいきと伝わります。

季語の成分

嗅覚
「香水」のように直接嗅覚に結びつく季語はもちろんですが、食べ物、植物、雨、風など、嗅覚が主の成分にならない季語でも香りを表現すると情景がいきいきと浮かび上がります。

視覚
「花」や「月」、「星」、「雲」など、見た目の美しさが印象的なものは、見たままの美しい姿をいかに表現するかを考えましょう。明るさ、暗さなども重要な要素です。

触覚
「水ぬるむ」や「熱帯夜」のように、温かさや熱さ、冷たさを表す季語はたくさんあります。また、触覚とは関係なく思える季語でも、そのときの空気感が表現に厚みを加えてくれることも。

聴覚
「鈴虫」や「蝉」など、実際に姿は見ず、声、音だけを感じる季語というのもたくさんあります。また、花火のように副成分である聴覚が欠かせない季語も多くあります。

連想力
「亀鳴く」などは連想力が強い季語ですが、言葉に抱くイメージは人それぞれですから、季語によってかきたてられる連想力は人によって微妙に変わってきます。

味覚
食べ物や飲み物に関わる季語は多く、また、初物を食べるなど手紙にも扱いやすい要素です。「うなぎ」のように嗅覚と組み合わせていきいきと使ってください。

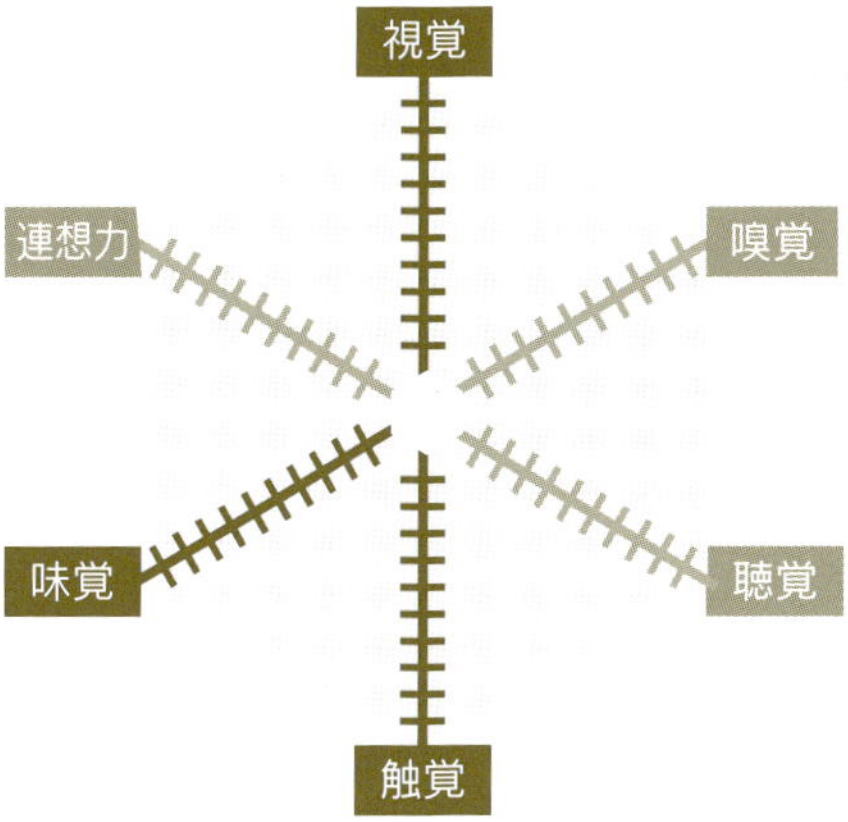

マトリクスにしてみよう
それぞれの成分が10点満点中何点かを考え、マトリクスにしてみると、季語を表現しやすくなります。季語帳を作り、見つけた季語をどんどんと加えていってみるのもおすすめです。季語の表現が上手になるのはもちろんですが、コレクター気分で楽しむことができ、新しい季語を探そうと季節の移り変わりに自然と敏感になっていきます。

練習してみましょう
五感を使った季語の表現

季語を上手に表現するためには、著名な俳人の句などを読んでみるのも参考になりますが、まずは自分がその季語の現場に立った時の様子を、五感全体で再生してください。

　ここでは「椿」の花を例に練習してみましょう。椿は三春の季語ですが、早咲きのものは「寒椿」と呼ばれ冬の季語になります。同じ花でも咲く時期の空気感が違うため、成分表も変わってきます。「椿」は比較的大きく、視覚の印象が強い花ですが、藪椿の木が風に揺れるさまや、椿がぽとりと落ちるときのかすかな音も内包しています。また「寒椿」の「寒」の一字に象徴される触覚も、季語の成分としては重要なポイントです。

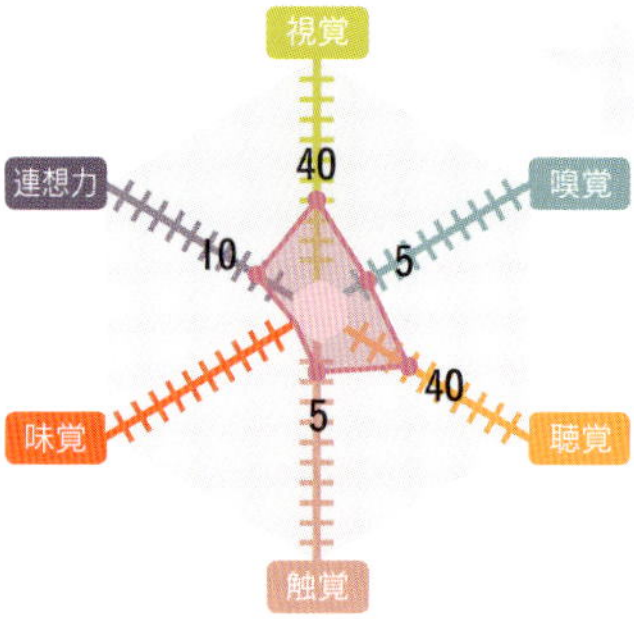

椿の季語成分表

視覚 40
聴覚 40
嗅覚　5
触覚　5
連想力 10

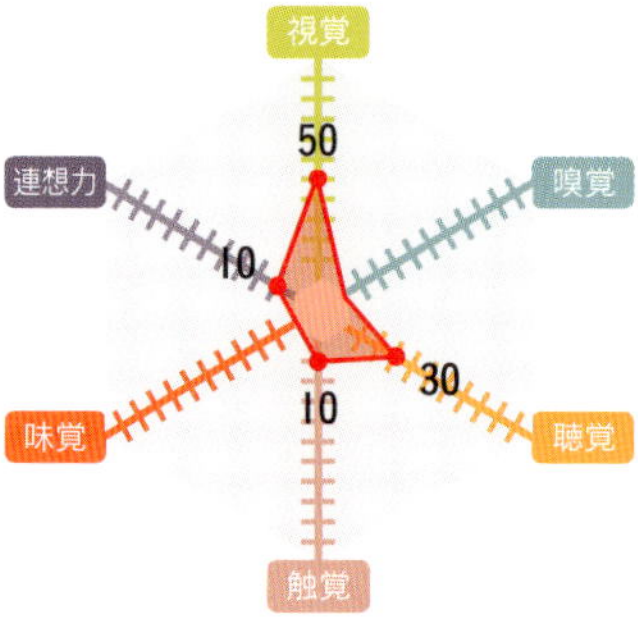

寒椿の季語成分表

視覚 50
聴覚 30
触覚 10
連想力 10

椿の使用例

椿の花ってぽっと小さな音をたてるように咲くんですね。犬の耳がぴくんと動きました。

母の手を引いてとぼとぼと歩いて行くと、道の先々に椿が、とぼとぼと落ちてきます。何だかおかしくて母と笑いました。

寒椿の使用例

合格祈願の絵馬所の奥に、縁起物のように赤い寒椿を見つけました。わあっと声を上げた娘。おみくじは小吉でしたが。

「海の日に少し焦げたる冬椿　虚子」潮風に襟を立てて海岸を歩き、大きな椿の木のそばの日溜まりに暖まりました。

定点観測をしていると季節の移り変わりがよくわかります

同じ景色を見続けていると、よりはっきりと季節の移り変わりを感じることができます。

たとえば季節によってまったく表情を変える代表ともいえるのは田んぼ。そのため田んぼや田んぼで働く人を表す季語はとても豊富です。

また、山も季節によりガラッと装いが変わるため、四季それぞれに季語があります。

同様に富士山にも皐月富士《さつきふじ》や赤富士《あかふじ》、富士の初雪など、季節に応じた季語があります。東京都心部では近くに山はないかもしれませんが、富士山は見えることが多いので、観察してみるとよいでしょう。

また、都心部でも窓から見える景色は季節によって変化しているはずです。たとえば木が見えるなら落葉する、芽が吹く、花が咲くなど、季節による変化を観察してください。

高層ビルからでも空は見えるはずですから、鳥の渡りや雲など、季節感は感じられるでしょう。

地下鉄といった無機質な場所ももちろん季節によって変化しています。代表的な変化は先にも紹介したように人です。半袖や長袖といった衣服の変化はもちろん、花火大会などがあれば浴衣《ゆかた》の女性が乗ってきたり、熊手《くまで》を手にした人で酉《とり》の市《いち》だと気づくこともあります。ほかにも冷房や暖房がついたり、季節商品の広告を見たりといったことでも季節を感じられるでしょう。

春

山笑《やまわら》う

これら山の四季の季語は中国の北宋《ほくそう》時代に書かれた『臥遊録《がゆうろく》』の表現を元に作られています。春は「春山淡冶《しゅんざんたんや》として笑うが如《ごと》く」が元に。春になり、木の芽が一斉に芽吹き、草が萌えだし、冬の静かな景色から一転、明るくにぎやかに変わっていく様子を表現しています。

秋

山粧《やまよそお》う

『臥遊録』の「秋山明浄《しゅうざんめいじょう》にして粧《よそお》うが如く」が元となった季語。秋になり木々が赤や黄色に色づいていく様を、まるで山が化粧をしたようだと表現しています。明浄というのは清らかで澄みきっているということ。秋の澄みきった空気感も伝えられるとよいでしょう。

夏

山滴《やましたた》る

『臥遊録』の「夏山蒼翠《かざんそうすい》にして滴《したた》るが如く」が元になった季語。滴るというのは水などがしずくになって落ちるという意味もありますが、美しさ、鮮やかさがあふれんばかりに満ちるという意味もあります。夏の山に茂る何とも鮮やかでみずみずしい緑を上手に表現しています。

冬

山眠《やまねむ》る

『臥遊録』の「冬山惨淡《とうざんさんたん》として睡《ねむ》るが如く」を元にした季語。熊などの動物も穴にもぐり、木も葉を落として眠ってしまった静まり返った山を表す季語です。惨淡というのは中国語で、苦難なとか、惨憺たるという意味のほか、薄暗いという意味もあります。

手紙・メールの基本の書き方

封書の手紙から葉書、一筆箋、メールまで、形式ごとの手紙の書き方の基本を紹介します。

【頭語】　手紙の冒頭に書く「こんにちは」という挨拶として使う言葉です。「拝啓」が最も一般的ですが、「拝呈」、「啓上」といった頭語もあります。また、改まった手紙の場合には「謹啓」、「謹白」といった頭語を使います。「前略」は略式の手紙ですので、目上の人などには避けてください。

【時候の挨拶】　季節の挨拶が入ります。本書で紹介する季語を使って、自分の言葉でいきいきとした表現を目指しましょう。

【安否の挨拶】　相手の健康を尋ねたり、「お変わりなくお過ごしのことと思います」というような、安否についての挨拶。

【起こしの言葉】　話題を変えるための言葉。「ところで」とか「早速ですが」なども起こしの言葉です。

【主文】　手紙の本来の用件。

【結びの挨拶】　相手の健康を気遣ったり、活躍を願う言葉が入ります。

【結語】　頭語とセットで使う「さようなら」にあたる挨拶。拝啓であれば「敬具」が一般的ですが、女性であれば「かしこ」でもかまいません。謹啓に対しては「謹言」、前略には「草々」。組み合わせを間違えないように注意。

手紙の書き方

①拝啓

②山も粧う季節となりましたが、③みなさまいかがお過ごしでしょうか。

④さて、⑤このたびはとても立派な果物を送って頂きまして、ありがとうございました。あまりにも甘く、美味しかったものですから、家族みんなで奪い合うようにして頂きました。いつもお気遣い頂き、心から感謝しております。

⑥これからどんどん冷え込みが強くなってまいりますが、風邪などひかれませんよう、くれぐれもご自愛くださいませ。

⑦敬具

⑧○月○日

⑨夏井いつき

⑩田中花子様

① 頭語　② 時候の挨拶　③ 安否の挨拶　④ 起こしの言葉　⑤ 主文

⑥ 結びの挨拶　⑦ 結語　⑧ 書いた日　⑨ 差出人　⑩ 宛名

横書きの手紙・メールの書き方

親しみやすい手紙でも、ルールは守るのが基本です。
大人のたしなみとしておさえておきましょう。

田中花子様 ①

　山も粧う季節となりましたが、みなさまいかがお過ごしでしょうか。

　さて、このたびはとても立派な果物を送って頂きまして、ありがとうございました。あまりにも甘く、美味しかったものですから、家族みんなで奪い合うようにして頂きました。いつもお気遣い頂き、心から感謝しております。

　これからどんどんと冷え込みが強くなってまいりますが、風邪などひかれません様、くれぐれもご自愛くださいませ。

○月○日 ②

③ 夏井いつき

① 横書きの場合は宛名が先に入ります。メールの場合も同様です。

② メールの場合は自動的に日付が入るため、入れる必要はありません。
ビジネスレターの場合は右上に入ります。

③ メールで自動署名にしている場合は入れる必要はありません。

葉書の書き方

葉書は略式のお便りとされていますので、目上の方などにはなるべく手紙を書くようにしましょう。書き方は手紙と同じ、もしくは頭語・結語、宛名、日付、署名を省略した形で書けばよいので、ここでは見舞い葉書を例に説明しましょう。

①寒中お見舞い申し上げます

② 日に日に寒さが厳しくなってまいりましたが、皆様いかがお過ごしでしょうか。こちらでも先日、例年より早く雪が降りましたから、北陸の寒さはいかばかりかと心配いたしております。

③ おかげさまで私どもは家族全員、元気に過ごしております。健康のために始めた朝のウォーキングがよいのかもしれません。

④ インフルエンザも流行っているようですので、皆様、お体には十分にお気をつけくださいませ。

⑤平成○年○月

① もともと文字が印刷されている見舞い葉書を使う場合には省略します。自分で書く場合は文字を大きめに。

② 時候の挨拶、安否の挨拶、相手を気遣う言葉などを。

③ 近況報告。

④ 結びの挨拶。

⑤ 日付。○日まで書く必要はありません。

一筆箋の書き方

一筆箋はカジュアルな手紙であり、厳格なルールはありません。読みやすさということをポイントに考えてみましょう。

①田中花子様

②先日は傘を貸して頂き、本当にありがとうございました。
おかげ様で晩秋の冷たい雨に濡れずに済みました。

同封いたしましたお菓子は、近所で人気のケーキ店が個数限定で作っているもので、運よく手に入れることができました。

わずかばかりですがご笑納くださいませ。

③夏井いつき

① 宛名は入れなくてもかまいませんが、入れる場合は先に入ります。

② 頭語や時候の挨拶などは省略し、用件から書き出してかまいませんが、どちらも入れたい場合は手紙同様に入れましょう。頭語を入れた場合は最期に結語を入れるのを忘れずに。

③ 日付は入れずに差出人だけを書くのが一般的です。

文章は簡潔に短くまとめて、こまめに行を変えると見やすく美しい一筆箋になります。

文章が苦手な人は季節をイラストで表現してみましょう

表現力のある手紙を送りたいけれど、文章が苦手という人は絵手紙を取り入れてみるのもよいでしょう。

季節の素材を大きくダイナミックに描けば、文章は書き添えるだけで、しっかりと季節感が伝わります。

イラストも苦手だという人でも、対象物をよく見て、シンプルに描くと、味のある絵になるので練習してみましょう。

イラストを描く場合でも、季語の成分を考えてから描くようにすると表現が変わってきます。食べ物であれば思わず食べたくなるようなみずみずしさや香りなども伝えることができるでしょう。

目上の方への手紙や、伝えることがたくさんある手紙の場合でも、便箋に大きくなくてもそういったイラストを入れるとより季節感がでて、手紙を見る楽しみが増えるものです。

手紙というと堅苦しく考えてしまいがちですが、相手が読んで楽しめるということが一番大切なポイントです。

もちろん目上の方などへの手紙であれば、基本的なルールを守るということも必要なのですが、それにとらわれ過ぎてしまうと、儀礼的で面白みのない手紙になってしまいます。

イラストに限らず、手紙を書く時には「こんなカジュアルなことを書いてもよいのかな?」などと迷ったりしがちです。しかし、相手に対して失礼があったり不愉快にさせる内容でなければ、もっと自由に書いてみましょう。

読んだあとに笑顔になれるというのが、最高の手紙なのです。

庭の
水仙が奇麗に
咲きました

冷えた
スイカと扇風機で
夏らしさを
楽しんで
います

季節感のあるレターセットなど手紙を印象づけるアイテムを

自分でイラストを描かなくても、季節ごとのレターセットや葉書を用意しておくと、文章を書くだけで見た目にも季節感のある手紙になるので便利です。

特に一筆箋は何かを借りてお返しする時、いただきものをしたお礼など、急に必要になるものですが、そんな時でも、季節感のあるものが用意してあるとたしなみのある女性という印象を与えられるでしょう。

手紙を書く機会が少ない人は、余ってしまうかもしれませんが、流行りすたりがあるわけではないので、とっておけばずっと使えます。

ただし紙は意外と変色しやすいので、きちんとビニール袋に入れて保管しておくようにしてください。

最近では四季の絵柄を組み合わせて1セットにしているレターセットもあるので、手紙を書く機会が少ない人はそういったものを利用するのもおすすめです。

四季それぞれの図柄が入ったスタンプを用意しておくのも便利ですね。

さらに切手でもシートで購入するなら季節の花や野菜、果物など季節のモチーフをあしらったものがあるので、利用してみましょう。

ほかにも季節の花を押し花にして封入したり、写真に撮って添えたりする人もいます。

また、手紙に入れる匂い袋である文香《ふみこう》も、季節感のある絵柄がついたものが市販されています。レターセットはシンプルなものでも、文香が入ると一気に印象的な手紙になりますね。

　文香は自分で作ることもできます。すりつぶしたお香をティッシュで包んだり、エッセンシャルオイルなどを軽くしみこませたティッシュを、和紙で包めばできあがりです。

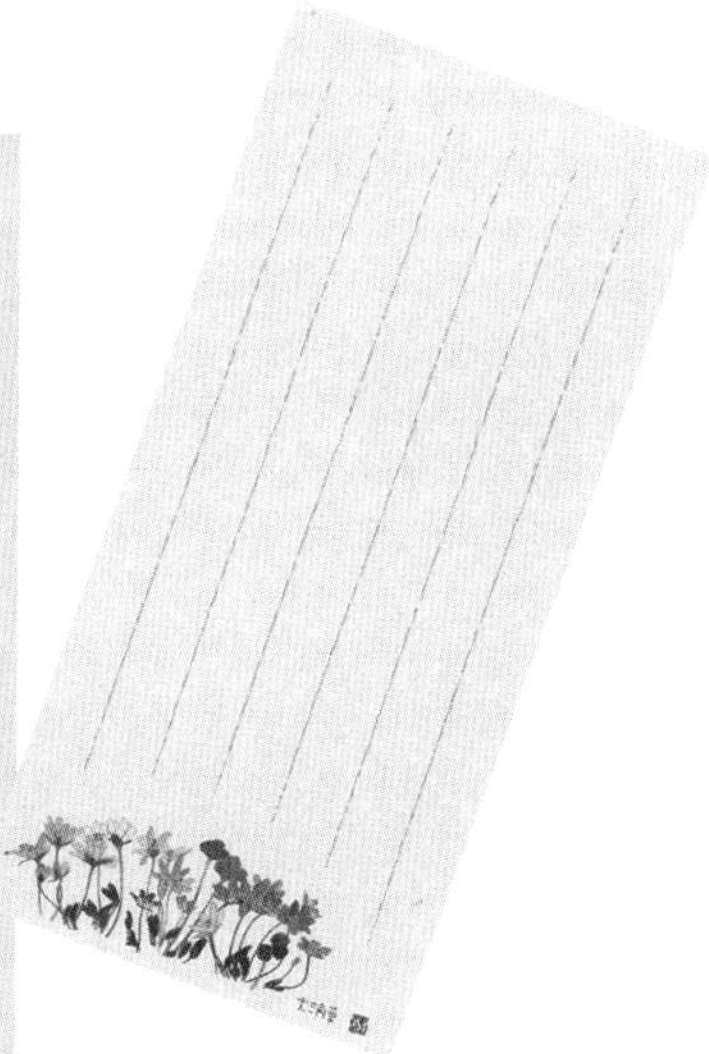

さまざまなモチーフがあしらわれた便箋や葉書は見ているだけで楽しく、それぞれの季節らしさを伝えてくれます。

第一章

春の美しき日本語

春の表現とは

ほのぼの明るい春。
春を待ちわびる心、
惜しむ心を
自分らしく表現。

四季の表現の基本はこれらの季語。春＝「山笑ふ」、夏＝「山滴る」、秋＝「山粧ふ」、冬＝「山眠る」。ね、素敵な表現でしょ。

私達夫婦は飛行機で松山・東京を往復することが多いのですが、羽田空港辺りからも富士山が見えます。遠い富士山でも、どの地方のどの山でも、季語通りの四季の雰囲気がわかります。そう思って眺めてみるとなおさら。

それが言葉の力です。

まずは、季語という美しい言葉を知るところから、ご一緒に日本語を楽しみましょう。

春の手紙は、山が笑うようにほのぼのと明るく。春を待つ心、春を惜しむ心を忘れずに。その代表となる季語が「花」です。俳句で「花」といえば桜を指します。桜が咲くのをわくわく待ち、咲いたらいそいそと花見をし、さらに散る桜をしみじみと惜しむ。これが「花」という季語を愛でる心です。

今年の晩冬、体調のすぐ

れない日々を送っていると、俳句仲間が「回復祈願をしてきました」と、椿神社の御神酒を届けてくれました。お陰様で春を待つ心が倍増、御神酒を飾って春を待ち、恒例の花見大会にて句友と酌み交わし、ともに散る桜を惜しみました。

待春や惜春の季語を見つけたら、五感プラスワンを使って言葉に。誰でも言いそうなことは言わず、あなただけの季語を、あなた自身の言葉で伝えてみましょう。

二春

二月四日頃の立春から五月六日頃の立夏の前日までが春。
少しずつ暖かさがまし、町に彩りが増えていく楽しい時期です。

動物

蝶《ちょう》

視覚50
聴覚20
触覚10
連想力20

昆虫の中で蝶が最も美しいといわれるのは、白、黄、黒、赤、青など羽の色や斑紋のデザインが多彩なことと、指で触れる鱗片《りんぺん》の脆さが儚さの象徴のように感じられるからでしょう。音立てて風を漕いでいるように羽を動かす姿、羽を畳んで止まる静かな姿、ぜんまいのような口で蜜を吸う姿など、スケッチの材料に事欠きません。暖かい地域では二月頃にも見かけますが、

三月中旬から四月にかけて主に飛び始めます。

今年最初に見た蝶を「初蝶」と呼びます。あなたに見つけられるとそれは只の蝶ではなく初蝶になるのです。「初蝶来何色と問ふ黄と答ふ　高浜虚子」何色？　と、問いかけているのは誰でしょうか？　交わした会話をメモしておくとよいでしょう。

■使用例

信号待ちの車の前を真っ白な蝶々が、海を渡るヨットの帆みたいに横断して行きました。

蝶々さんがピアノに合わせて踊ってる、と娘が言いました。大きな揚羽蝶でした。

植物

蒲公英《たんぽぽ》

視覚 40
触覚 30
嗅覚 10
味覚 10
連想力 10

たんぽぽは、春の野原に咲く花の王様です。地面から鋸状の葉がぎざぎざと幾重にも重なり出た上に、10センチほど花茎がつんと伸び立ち、天辺《てっぺん》に黄色い花が冠のように乗っています。茎を手折《たお》ると白い乳のような汁が出ます。学校の行き帰りの道や公園などに咲く親しみやすい花です。

昔、鼓に見立てて遊んだことから、鼓を叩く音の「タン・ポポ」という名がついたといわれています。子ども達が声に出してタン・ポポ、タン・ポポ、と摘んだ花を振りながら遊んでいる姿が見えてきます。「チチポポと鼓打たうよ花月夜　松本たかし」。松本たかしは、能楽師の家に生まれた俳人。花の夜には鼓をチチポポと打とうよ、という句。なぜか蒲公英を見ると思い出されます。

「一歳の目にたんぽぽの美味そうな　夏井いつき」

たんぽぽの茎は小さな手が折るのにちょうどいい具合、子供でなくとも、むしゃむしゃ食べてみたくなります。ちなみに刺身のツマについているのはたんぽぽのように見えますが菊です。でも、食用たんぽぽのサラダなども美味しいそうですよ。見て、触れて、嗅いで、音も感じて、遊んでみましょう。

■使用例

タンポポで、妹の頭をぽんぽん叩いて叱られた孫。タンポポって意外と堅いです。

孫と犬との散歩は大忙し。同時に立ち止まって匂いを嗅いだのが、蒲公英の前でした。

天文

朧《おぼろ》

視覚35
触覚25
聴覚10
嗅覚10
連想力20

春、水蒸気を含んだ暖かい風が吹くと、日中は霞み、夜は朧となり、すべてがぼんやりと柔らかく美しく潤みます。「朧月、草朧、鐘朧、海朧、燈朧」と「朧」をつけるだけで柔らかな春の趣が表現できますから、大変奥行きの深い季語だといえます。谷崎潤一郎は『陰翳礼讃《いんえいらいさん》』という随筆中、「羊羹の色合いは瞑想的」「冷たく滑らかな羊羹を口中に含む時、室内の暗黒が甘い塊になって舌先に融ける」「我々の料理は常に陰翳を基調とし……」という風に、陰影（朧）の美を紹介し、世界中を驚嘆させせました。

■使用例

二時間おきの授乳中です。妻と息子の寝顔が、乳色の朧の灯に浮かんでいます。

生活

春愁《しゅんしゅう》

視覚10
聴覚10
触覚10
連想力70

春特有の引き込まれるような眠さを「春眠」というように、春特有の明るさの陰にひそむ物思いを、「春愁」と呼びます。自然界では、歓《よろこ》びを体現するかの如く動物達の求愛行動が明るく繰り広げられる春。それに比べ、素直に春を歓び、ストレートに愛を語れないという、複雑極りない人間の精神特有の春の憂鬱をこう呼ぶのでしょう。「春愁」の傍題は、「春恨」、「春怨」、「春かなし」など、異性を恨む言葉が多いのですが、昨今ではこれは女性から男性への気持ち、とは限らないようにも思えますね。

■使用例

宿の窓を開けると子猫の寂しげな鳴き声。これは旅愁でしょうか、春愁でしょうか。

天文

春《はる》の風《かぜ》

聴覚30
触覚30
視覚10
嗅覚10
連想力20

春の風は、暖かく長閑《のどか》な軟風を主にいいます。「先づ和風をして消息を報ぜしむ、続いて啼鳥《ていちょう》をして来由を説かしむ」と、白楽天が詠んでいます。七世紀唐の時代に生きた詩人も現代の私達も、風に春を感じる感覚はまったく同じですね。麗らかに晴れた日、春風にゆらぐ風景が眩しく輝くのを「風光る」と呼び、春の季節の明るさを讃えます。肌に触れる春風の優しさもまた、触覚に春を感じる瞬間です。また大阪四天王寺の聖霊会に、浜に吹き寄せられた貝で作った花を供える風習から、この時期吹く風を「貝寄風《かいよせ》」と呼びます。

■使用例

新社屋ビルの真四角な顔に吹く風が光っております。

column

どうやって使い分ける？

風の違いを感じよう！

風に色あり、名前あり！

日本人は風に色や光を感じ、名前をつけて親しみます。森の緑を揺らす大風を「青嵐《あおあらし》」といい、秋に花の色が淡くなった頃の風を「色なき風」と呼びます。島国で木の家に住み、農業漁業を営めば、風に無関心ではいられません。「東風《こち》」は春を告げ凍を解く風。「梅東風、桜東風、雲雀東風《ひばりこち》、鰆東風《さわらこち》」、色や音や匂いまで伝わる風の名前ですね。

春一番：いよいよ春の新企画の始動です。春一番よ吹け！

青　嵐：この町のどこからも、青嵐に浮かぶお城が見えます。

桜東風：桜東風に吹かれて、私も四国に戻って参りました。

動物

囀《さえずり》

聴覚80
視覚20

鳥の普段の鳴き声は地鳴きといい、春の繁殖期、主に雄の鳥が求愛の歌として高音を響かせたり、オペラ歌手も負けそうな複雑で長いフレーズを歌うことを「囀」と呼びます。各々のテリトリーを告げるための囀や、機嫌のよい時に歌う人間の鼻歌的な歌もあるそうです。鶯《うぐいす》、頬白、雲雀《ひばり》などは春らしく初々しく、時鳥《ほととぎす》、郭公《かっこう》、大瑠璃《おおるり》などは夏らしくたくましく囀ります。古くは、外国人の珍しい声色の会話を「さひづり」と呼んだそうですから、鳥達もさひづり（お喋り）しているといわれるようになったのかもしれません。オリヴィエ・メシアンというフランス生まれの作曲家は、世界中の鳥の声を採譜しました。またメシアンは、音を聴いて連想した色や模様も楽譜に書き込んだそうです。

「ひんやりとして囀の降りしきる　夏井いつき」

囀りの声に温度を感じることってありますよね。人の声にも、確かに温度を感じます。囀りに、色を感じることもあるかもしれません。囀りだから耳を澄ませて聞けばいいと思い込まず、五感をわけて使うのでなく、五感全部同時にオープンして、自分の心身が何を感じるか調べてみる、そんな実験を楽しんでみるのも素敵です。

■使用例

大きな木の下で囀りを浴びながら、ついうとうと、愉快な色つきの夢を見ました。

合宿第一日目は、日の出と同時に、囀りの大合唱を全身に浴びました。

天文

陽炎《かげろう》

視覚50
聴覚10
嗅覚10
触覚10
連想力20

陽炎は、春の暖かい雨上がりの道などに、水蒸気が蒸発してゆらゆら立ち昇り、透明な幕のようなものを通して、遠くの物体が浮き上がったり、ちらちら燃え上がるように見えたりする現象です。元々は、炎、日の光、薄翅《うすば》の輝く蜻蛉《とんぼ》や蜉蝣《かげろう》といった昆虫など、ちらちら燃えるように揺れ輝くものすべてを「かぎろひ」と呼んだそうです。竹の中にちらちらと光り輝く「かぐやひめ」なども同源の語といわれます。

「かげろふと字にかくやうにかげろへる　富安風生」この句のように、平仮名で「かげろふ」「かげろへる」と繰り返して見る文字は、いかにも、ふわふわ、ちらちら、と現れる陽炎の生態をうまく伝えてくれます。こんな風に、平仮名、カタカナ、漢字の使い分けを考えてみるのも表現の工夫です。

また、陽炎はどこでも見られる季語ですから、こんなところで陽炎に出会いましたという発見が、そのまま季節の挨拶ともなります。「行くほどにかげろふ深き山路かな　飯田蛇笏」蛇笏は山国山梨に住み、富士山を始めとして山の偉大さをたくさん詠んだ俳人です。陽炎の大きさ深さが、山の大きさと深さを表しています。陽炎の奥へ山の奥へ包まれてゆく、春らしい大らかな気分です。

■使用例

今日、六本木の交差点に陽炎が立ちました。思わずシャッターを切りました。

高三の娘の最後の試合。陽炎の中の彼女は、松葉杖で必死の応援をしていました。

初春

二月四日頃の立春から三月六日頃の啓蟄の前日までが初春。寒さの中に少しずつ現れる春の気配を見つけてみましょう。

動物

白魚《しらうお》

味覚 50
視覚 20
嗅覚 10
触覚 10
連想力 10

目に美味しく、食べて美しい魚、といえば白魚ですね。白魚は半透明の細長い魚で、腸が透け、黒い眼が鮮やか。煮ると身が白くなります。三杯酢、天麩羅、卵とじにして、早春の味覚を楽しみましょう。「素魚（シロウオ）」と見た目も食べ方も似ていますが、口が尖っている方が白魚と覚えてください。

■使用例

踊り食いは苦手だけど、軍艦巻きは大好きなんて言ってごめんなさい、白魚さん。

行事

初午《はつうま》

視覚 40
聴覚 10
触覚 10
味覚 10
連想力 30

二月最初の午の日は、全国の稲荷神社やお稲荷さんの祠《ほこら》の祭礼の日です。「いなり」は、稲生とも稲成とも書かれるように、元々は春の農事にさきがけ、豊作を祈るお祭りでした。
初午の日、赤い鳥居に白い狐の祠をお参りして、油揚げをお供えしてみませんか。おじいちゃん、おばあちゃんとご一緒にどうぞ。

■使用例

初午の日、デパートの屋上にお稲荷さんを見つけました。

生活

鶯餅《うぐいすもち》

味覚50
視覚30
嗅覚10
触覚10

鶯が囀り始める頃、お目見えする春の味覚。名前の由来は、青大豆の粉をまぶした色が鶯の羽の色だからとも、餡がたっぷり入った餅の形が鶯のふっくらした姿に似ているからともいわれます。どちらも正解のように思えます。

デパートの地下食料品街にも、桜の造花が飾られ、草餅の実演が披露され、目を楽しませてくれます。

旅先の路地で入った老舗や縁日の参道に腰かけて頬張る鶯餅に、その土地柄を感じるのも心楽しいひと時。

■使用例

桜餅か、草餅か、はたまた鶯餅か。春になると、妻の悩みは尽きません。

時候

旧正月《きゅうしょうがつ》

味覚20
視覚10
嗅覚10
連想力60

陰暦のお正月です。潮の干満が暮らしを左右する漁村や東北地方の山村などには、今なお、旧正月を祝う風習が残っています。新潟県佐渡島の民宿では旧正月の泊り客に、「粥柱《かゆばしら》」という餅入りの小豆粥をご馳走してくれます。

ご先祖の写真の額が長押《なげし》の上にずらりとかけられた茶の間で、ご家族や同宿の客と一緒に祝う旧正月には、懐かしき古き良き日本がそのまま残っています。旧正月や旧暦の雛祭など、旧暦の行事に昔を懐かしむお年寄りが、まだまだ身近におられることと思います。

■使用例

旧正月に実家に戻り、懐かしい蕨《わらび》や薇《ぜんまい》のおひたしに舌鼓を打ちました。

植物

梅《うめ》

嗅覚40
視覚40
聴覚10
触覚10

春を告げる花として、古くから万人に慕われてきた花です。春の告げ方がなんとも素敵です。まず「白梅」が咲き、それから少し遅れて「紅梅」が開くことは、まるで祝福のように感じられます。白梅の冷たさを愛でたあと、紅梅の暖かさに感謝する心です。また、「色よりも香こそあはれと思ほゆれ誰が袖ふれし宿の梅ぞも　詠み人知らず」、とありますように、色より香に興味が寄せられることが多く、しっとりとした夜の梅の香などが、和歌や俳句に詠われるようになりました。「二もとの梅に遅速を愛すかな　与謝蕪村」庭に紅白二本の梅の木があります。それが姉と妹のように仲良く、競うように咲き始めます。春を待ちきれず、晩冬に早や「探梅」をする人もあります。

今年、私は、滋賀県長浜市で毎年春に開催される「盆梅展」にお招きいただき、ありがたくも樹齢伝１００歳の八重咲きの梅に、「百囀（ももさえずり）」と命名をさせていただきました。ちょうど咲き始めた白い梅の声が耳に届いたような思いが致しました。その思いを、「百年を香りて白くさへづらん　夏井いつき」と感謝の気持ちとともにこの句に込めて、梅にお返ししました。

■使用例

やっと乳母車で散歩できるようになり、梅の香に浮かれて歩き回っています。

日暮れてから父のお墓に参ります時は必ず、梅の香を頼りに登って行くのです。

動物

猫《ねこ》の恋《こい》

聴覚60
視覚10
触覚10
連想力20

「猫の恋」なんて聞くと、「ローマの休日」みたいにロマンチックな響きですが、猫にとっては切実な自然の呼び声ですし、人間にとってははた迷惑な春の大騒ぎです。牡猫は、寒中から早春にかけて盛んに妻恋に出かけ、幾日も家に帰らず、一匹の妻に数匹の夫が寄ってたかって、赤ん坊のような声で鳴き寄り、屋根や路地裏や軒下を転げ回って喧嘩し、毛皮をぼろぼろにして帰還します。その哀れで滑稽な様子が俳人に好まれ、多くの恋

猫俳句が生まれました。「恋猫の恋する猫で押し通す　永田耕衣」俺達人間はそこまで暇じゃねえし、こうまであからさまに恋を押し通すことなんぞできねえや、と呆れながらも、猫族の牡をうらやましく思う純粋な男性の心が表れているようです。春の朧の空気の中だからこそ、一層なまめかしく聞こえる猫の恋なのでしょう。騒音公害と怒るか、くすくすと春を実感するか、あなたはどちらでしょう。「きんぽうげ色の仔猫を拾ひきて　夏井いつき」キンポウゲの黄色い花の中にうずくまる子猫はきんぽうげ色。「猫の恋」が初春の季語なら、その結果であります「子猫」が晩春の季語になるのは当たり前ですね。

■使用例

郊外に引っ越して以来、我が家のミケが猫の恋にはまっております。やれやれ。

山中湖の山荘に来ています。とても静か、毎夜響き渡る猫の恋以外は、です。

植物

水菜《みずな》

味覚 50
視覚 40
触覚 10

水菜といえば京都が有名ですから、関東では京菜と呼ばれています。昔は、早春のまだ青菜が乏しい頃に水菜が出回ったため、珍しく喜ばれた野菜だったそうです。根の白さが目に鮮やか、茎や葉の歯ごたえも新鮮。水菜といえば、「はりはり鍋」が思い浮かびますが、歯ごたえのしゃきしゃき感を「はりはり」と表現したとしたら、中々のセンスですね。これを見習って、水菜の食感をぜひ自分の言葉で書いてみましょう。水菜は、鍋物、煮物、おひたしのほか、漬物にしても早春の青い風味が楽しめます。

■使用例

京都で食べた水菜と薄揚げたっぷりの鍋、何杯おかわりしてもまた食べたくなります。

植物

猫柳《ねこやなぎ》

視覚 60
触覚 30
聴覚 10

日本中どこでも、川べりなどに自生し、庭にも好んで植えられる柳の一種です。春の日を受けきらきら輝く様子は、いかにも春の風物詩ですね。二月頃葉の出る前に、銀ねずみ色の絹毛の花をつけます。猫の毛艶を思わせますので、この名があります。小さな花穂を撫でると、期待通りの柔らかさ、優しさにほっとしますね。「ぎんねずに朱《あ》ケのさばしるねこやなぎ　飯田蛇笏」銀ねず色の猫柳の花穂にさっと刷いたように朱色が走っている、という句です。春のまだ寒そうな赤い色を見事に表現しています。

■使用例

車椅子を止め、義母に猫柳を見せていますと、本物の猫が足元に来て鳴きました。

時候

獺祭《だっさい》

視覚30
連想力70

中国古代天文学による七十二候の内、二十四節気でいう雨水の初候、今の暦でいうと、およそ二月二十日から二十四日頃に当たります。

魚を獲っても食べず、巣に並べる獺《かわうそ》の習性が、先祖供養をしているように見られて生まれた愉快な季語です。脊椎カリエスで寝たきりの半生を送った俳人正岡子規も、蒲団の回りに書物を並べ読み散らす自分のことを「獺祭書屋主人」とユーモラスに自称しました。この季語は知らなくても、『獺祭』という名のお酒をご存じの方は多いでしょう。

■使用例

とりあえず水族館に獺を見に来ています。獺祭が見られるでしょうか。

植物

海苔《のり》

味覚50
嗅覚30
視覚10
触覚10

水中に生える海苔の表面がヌラヌラする、ヌラがなまってノリと呼ばれるようになったといわれます。浅草海苔を代表とする甘海苔が有名で、アオノリ、ハバノリ、カワノリ(淡水産)もあります。冬から春にかけて掻き取った海苔を、海水・淡水で洗って水をきり、包丁で刻み、淡水の樽で撹拌し、海苔簀《す》に流し、干し場で乾燥したところをはぎ取ります。

早春の漁村を訪ねると、海端の道路に干された海苔が香ります。昆布、若布と並んで、日本の食卓を飾る、最も身近な海の幸ですね。

■使用例

色が黒いからと、海苔を内巻に隠してしまうNYの寿司にはビックリです。

仲春

三月六日頃の啓蟄から、四月五日頃の清明の前日までが仲春。ぽかぽかと暖かくなり、春も本格的になっていく時期です。

時候

啓蟄《けいちつ》

視覚 30
聴覚 10
嗅覚 10
触覚 10
連想力 40

春夏秋冬を六つに分けた二十四節気、それをさらに三つに分けた七十二候。各気各候に応じた自然の恵みが記された生活暦が最近また注目されています。春の節気は、立春→雨水→啓蟄→春分という順に春らしくなってきます。啓蟄の啓は「ひらく」という意味、蟄は「虫などが土中に隠れ閉じこもる」意ですから、「啓蟄」は、「冬ごもりの虫がはい出る」（広辞苑）ことをいうのです。「蛇穴を出づ」「蜥蜴《とかげ》穴を出づ」「地虫穴を出づ」など、啓蟄にかかわる季語は「穴を出る」シリーズです。ぽかぽかした明るい光景が浮かびますね。また冬籠り中の虫を起こす春の初雷を、「虫出しの雷《らい》」と呼びます。雷に驚いて飛び出る虫を想像するのも面白いですね。

「啓蟄を啣《くわ》へて雀飛びにけり　川端茅舎」

■使用例

啓蟄の庭を、かぼちゃん（三歳ポメラニアン）が掘ると冷凍土竜《もぐら》が出てきました！

今日は啓蟄です。父親の雷が落ちて、ゲームばかりしていた息子も穴から出てきました。

行事

雛祭《ひなまつり》

視覚 40
味覚 40
嗅覚 10
触覚 10

もともと中国の古い風俗に、三月の上巳《じょうし》の日、水辺に出て災厄を祓う行事がありました。それが後に日本でも「曲水の宴」となり「桃の酒」を飲む習わしもあったそうです。『源氏物語』須磨の巻にも、光源氏が巳の日に身体の穢れを移した人形を舟に乗せ、川に流す話が出ています。その祓いの道具としての人形から、着飾らせた人形で遊ぶ流行が宮中・貴族の間に広まったとされています。現代のように立派な雛壇となったのは室町時代から。一般家庭では手作りした雛を飾り、節供がすむと川に流していたそうで、その「流し雛」の行事が残る地方が今もあります。娘さんやお孫さんと雛段を飾るのも由緒ある優雅な遊びですが、歴史をさらに遡り、折り紙の雛を小さな方々と一緒に折り、池や川に浮かべてみるのもこよなく素敵な経験となりますね。「もたれ合ひて倒れずにある雛かな　高浜虚子」雛は人形ですが、人形を身替りにして健康になるという昔の由来を考えますと、もたれ合って倒れずにいる雛がまるで、私達夫婦や家族がそうしているように、悲しくおかしく思えてきます。季語名人虚子の俳句は、常によいお手本です。

使用例

仏壇職人の曽祖父が、初孫の母の為に手作りした雛は、顔がみな母に似ています。

三月三日彼女の実家を訪ねました。雛人形と並ぶ彼女の着物姿。ぽっと惚れ直しました。

植物

沈丁花《じんちょうげ》

嗅覚70
視覚20
触覚10

春の夜道うっとりするような花の香が漂ってきたら「どこのお庭でしょう」とわくわくします。その昔、光源氏がやっていたようなことを、私達もまたやっていることが面白いですね。夜香る花の代表が、この「沈丁花」。香木の沈香《じんこう》と、香辛料の丁字《ちょうじ》を足したような香から沈丁花と呼ばれます。紫紅色の花が毬のように固まって咲きます。ほかに春よく香る木の花にはライラック（リラ）があります。紫の小花が穂のように咲きます。花の香や風を肌で感じながら、庭歩きや街路を散歩するのは春ならではの愉しみです。

■使用例

沈丁花の香はよく知っていましたが、花の色を見たのは初めてです。

生活

花種《はなだね》蒔《ま》く

触覚60
視覚30
嗅覚10

お彼岸の頃、野菜や秋咲きの花の種を蒔くことを「物種蒔く」といいます。具体的に「鶏頭《けいとう》蒔く」「胡瓜《きゅうり》蒔く」と植物の名をつけても季語になります。単に「種蒔き」といえば稲の籾を蒔くことになるのです。「生えずともよき朝顔を蒔きにけり　高浜虚子」朝顔の種があったので蒔いた。これ以上生えなくてもいいんだが、という句です。これがメールなら（笑）とつけたいですね。妹がNYに引っ越した時、荷物の中に紛れていたという朝顔の種を蒔いたら、二倍も大きな花が咲いたそうです（これから引っ越す人は真似しないでね）。

■使用例

「マリーゴールド蒔く」って季語を体験しました。初めてのガーデニング大成功！

生活

新入社員《しんにゅうしゃいん》

視覚30
聴覚30
連想力40

まだ学生気分の抜けきらないあどけない顔、着慣れないスーツにネクタイ姿、溌剌《はつらつ》と生意気な態度、緊張して不馴れな振る舞いなど、新入社員という生き物は、いかにも初々しい春の趣に満ちた季語といえます。こうして観察してみると、人間も動物も等しく興味深いものですね。

入社式に身が引き締まり、社長の訓示に希望を抱き、新入社員研修を受け、無我夢中の一年が巡れば、また次の新入社員を迎えます。人間の営みもまた万物と同様、常に季節の巡りとともにあるのだと実感できる新しい季語です。

■使用例

社長が訓示で、僕ら新入社員の俳句を詠まれました！

column
いろいろ使ってみよう

新生活に関する季語

私も春の季語になります！

日本では、入学式には家族が出席し、新しい制服に靴で晴れやかに立派にとり行われますが、アメリカの入学式は単なる第一日目に過ぎないのだそうです。その代わり卒業式には家族が集い、マントや角帽を着け立派に盛大に行われるとか。いわゆる大学に入りにくいが出やすい国と、入りやすいが出にくい国との違い？　なのでしょうかね。

入　学： 入学式も来なくていいよ、と遂に息子に言われました。

卒　業： 卒業記念に植樹する伝統は、守りたいですね。

春休み： 大学前の春休み、娘はカラオケで囀っております。

動物

燕《つばめ》

視覚50
聴覚30
連想力20

つばくらめ、つばくろ、と愛称で親しまれる燕。たとえ都会に住んでいても、駅舎の梁《はり》などにある燕の巣に子燕がおとなしく待っていたり、黒い艶やかな羽で餌を求めてすばしこく町の空を飛ぶ親燕を見たりすると、ああ今年もやってきたなあ、春だなあ、という実感が胸に湧いてきます。

燕は、三、四月頃、北方から渡ってきて、軒下に巣をかけ子育てをし、十月、十一月頃になるとまた南へ渡って行きます。燕が巣をかけると子宝に恵まれる、などの縁起をかつぎ、燕の巣やそこから落ちてくるものを厭《いと》わず、大切な宝のように守る家も多くあるようです。大きな口を開けて虫を獲りながら飛ぶ、いきいきとした姿が愛され、特に俳人に好まれる季語です。

「つばくらめ斯くまで並ぶことのあり　中村草田男」一羽、二羽、三羽、四羽、……と指さして数えたかもしれませんね。もしかしたら、お子さん達と一緒に並んで見上げた空かもしれません。俳句は日常の小さな祝福。電線にずらりと並ぶ燕を見ただけで少しだけ幸福になれる。俳句を作るとは、日々の生活を豊かにする小さな魔法のような小さな特技です。

■使用例

彼氏と別れ思い悩む日もありましたが、今日燕が飛ぶのを見て吹っきれました。

つばくらめ一号！　二号！　三号！　発進！と孫は叫びます。

植物

木《こ》の芽《め》

視覚30
嗅覚30
味覚30
聴覚10

春、木に芽吹く浅緑や紅色の芽は、「このめ」と呼ばれる季語です。「きのめ」とも呼ばれますが、よく料理に添えられる「山椒の芽」を主に「きのめ」と呼び、「このめ」と呼べば、木の芽の総称ということになっています。が、あまり気にせずともよろしいでしょう。好きなように呼んであげてください。木の芽の中でも、特に「柳の芽」が一斉に高く青く芽吹くのはいかにも美しく、梅や桜と並び立つ、代表的な春の景色です。木の芽が膨らんでくることを、古くは「木の芽張る」と言った事から、「張る」と「春」をかけて、「木の芽春雨」とか、「木の芽春風」などと、詩歌に詠まれました。昔から、言葉遊びを面白がる人々は必ずいます。谷川俊太郎さんの「うみの　きりん」という詩の中で、首を立てて海を泳いでゆくきりんが、おなかの中で〝ふるさとの　きのめ〟を反芻《はんすう》しながら、ゆっくり水平線へ遠ざかる、という場面が詠まれています。何て美しい木の芽の存在でしょうか。この詩に出会ってから、木の芽の季語を使う度、海のきりんを思わずにはいられません。言葉の力って本当に偉大ですね！

「大寺を包みてわめく木の芽かな　高浜虚子」

使用例

木の芽が風に吹かれる色と音と匂いのハーモニーを感じています。

紅い木の芽が枝からにょきにょき出て来ると、体中がむず痒くなるのです。

晩春

四月五日頃の清明から、五月六日頃の立夏の前日までが晩春です。春分と夏至のちょうど中間の、とてもすがすがしい時期です。

生活

汐干狩《しおひがり》

触覚30
視覚30
味覚20
聴覚10
嗅覚10

お彼岸から四、五月にかけて、潮の満ち干きの差が激しい浜や磯を掘って、浅利、蛤《はまぐり》などを集めます。元は、三月三日、雛祭の女子ども中心の行楽でした。親戚やご近所を誘い合わせ舟を仕立て、お弁当持ちで干潟に繰り出しました。舟がワゴン車に代わっただけで、今も春の手軽な行楽のひとつです。

■使用例

初めての汐干狩、夫と子供は大活躍。私は磯の香に酔って広い空ばかり見てました。

生活

猫《ねこ》の子《こ》

視覚40
聴覚30
触覚30

猫の子は年中いますが、やはり春が出産の季節。夏目漱石の『吾輩は猫である』の冒頭、捨て猫の「吾輩」が初めて書生を見るシーンが描かれています。つまり「吾輩」は生後十日ほどして目が開いてから捨てられたのです。猫目線で書かれた小説の走りですね。最近は野良猫の去勢も進み、道端に子猫を昔ほど見かけなくなりました。

■使用例

この陽気につられて散歩に出たら、街角で子猫の里親募集をやっていました。

生活

ぶらんこ

視覚30
聴覚30
触覚30
連想力10

古代中国においては鞦韆《しゅうせん》と呼ばれ、寒食の節(煮炊きの火を一度断ち、新しい火で春を促すための行事)の宮女達の戯れでありました。色とりどりの服の裾をひらひらと翻《ひるがえ》し鞦韆を漕ぐ艶やかな女人達を想像すると、春はすぐにも飛んで来そう。

三橋鷹女という俳人を知っていますか。試しに「鞦韆、三橋鷹女」と検索してみてください。愛の心理を詠んだ鞦韆の名句に出会えます。しゅうせん、ぶらんこ、ふらここ、言葉を変えると雰囲気までがらりと変わります。ひとつで二度美味しい食物のように、季語を楽しんで使ってください。

■使用例

手をつなぎぶらんこまで駆けてゆく姉妹。ぶらんこがひとつしかないと即、喧嘩ですが。

column
季節を楽しく表現

季節を擬人化した季語
春に呼ばれて、春を呼ぶ!

春が立つとか来るとか呼ぶとか、季節を擬人化した表現を、日本人はごく自然に使います。ポケットから手を出した子ども達は、春と競争してぶらんこを漕ぎ、「風車」に春風を呼び、「石鹸玉《しゃぼんだま》」に春を映します。そう思って見ると、いかにも「春」が子どもの形の影を持ち、一緒に遊んでいるのが見えるような錯覚が起きるのです。

石鹸玉: 石鹸玉に映るもの全部春です。

風　車: 風車を作ってあげたら走りっぱなし、転ばないでね。

風　船: 誕生会に風船を一杯用意します、大きな花束みたいに。

動物

亀鳴《かめな》く

連想力70
聴覚15
視覚15

亀は、鳥や犬のようには鳴きません。が、鳴いたとしたらどんな声か、どんな時に亀が鳴くのか、そんな空想が「亀が鳴く」という季語を造り出し、「亀が鳴く」という言葉の力が、たくさんの面白い俳句を産み出しました。季語を写生し、季語から言葉を写し取るのも俳句のテクニックですが、言葉を使って季語の世界を立ち上げるのもまたひとつの方法なのです。「川越のをちの田中の夕闇に何ぞときけば亀のなくなり　藤原為家」春の夕暮れ、川越のをちの田中というところを歩いていると何か聞こえる。あの声は

何ですか？　と問うと、亀が鳴いているのです、と答えた、という歌です。「川越のをちの田中」ってどんなところなのでしょう。寂れた田舎のように思えます。亀がいるのは池の端でしょうか、石の上でしょうか。日暮れて夕闇の中で首を少し出して鳴く亀。どんな顔か、どんな声か。想像すると可笑しくて、少し寂しくなります。

春の夕暮れは、いかにも亀が鳴きそうな時ですね。同じような空想の遊びの季語で、「蚯蚓《みみず》鳴く」という秋の季語もあります。春の亀と、秋の蚯蚓、季節の違いが出ています。

使用例

母達は喜寿の祝に金沢へ旅して、兼六園の亀が鳴くのを聞いてきたそうです。

「亀鳴くや皆愚なる村のもの　虚子」。亀鳴くような村を私も見た事があります。

植物

花《はな》

視覚 40
嗅覚 20
触覚 10
聴覚 5
味覚 5
連想力 20

桜は日本の国花として、世界中の人に認められ賞されています。また春咲く花の代表でもあり、季語「花」といえば、桜のことをさします。「ひさかたの光のどけき春の日にしづ心なく花の散るらむ　紀友則」などの歌に出てくる花は、桜のことです。花はまた古来より、稲の花の象徴でもあったそうです。花がたくさん咲けば稲の実りを期待し、例年より早く花が散ると米の凶作を案じるという風に、花を待つ心と、花を惜しむ心には、日本人の農耕生活に密着した期待や不安が底にあるのでしょう。花を見ていると、めでたさと不安とが綯《な》い交ぜになるような気がします。こういう精神作用を繰り返し、日本人の花を見つめる眼差しは一層細やかになりました。

春の花は、夏の時鳥《ほととぎす》、秋の月、冬の雪、それに秋の紅葉も加え五大季語と重んじられています。季語はこのように、日本人がともに育んできた日本人の美意識の集大成なのです。風に乱れる落花の様を花吹雪、遠くから見た花が雲のように見えるのを花の雲、水面に散り敷いて流れるのを花《はな》筏《いかだ》と呼ぶように、花にまつわる季語表現も素敵なものばかり。使ってみたくなりますね。

■使用例

我が庭の花が咲くと、毎朝のコーヒーの味まで華やいで感じられます。

富士山は雲から顔を出しませんでしたが、湖岸にたなびく花の雲を堪能しました。

3大季語を使いこなそう！

花

自分がその年初めて見た桜はそのまま季語になる面白さ

その春初めて咲く桜を初花と呼びます。季語に「初」がつけば、その季語との出会いは待ちに待ったかけがえのないものとなります。「旅人の鼻まだ寒し初ざくら　与謝蕪村」初花の咲く頃は、まだ春寒い時。初花を見ている旅人の鼻が寒そうなんて、よく観察しています。自分自身のことかもしれません。初花がぽつぽつと咲いた桜の木には、蕾がまだたくさんありそうです。蕾の赤と鼻の赤を並べて面白がっている蕪村さん。「まだ春は寒いですが、もう初花が咲きました」と、時候の挨拶を述べるのと、この一句と、どちらがいきいきと季語「初花」の場面が伝わるでしょうか、比べてみてください。

山《やま》桜《ざくら》

山に咲くもろもろの桜ではなく、吉野桜を代表とする紅を帯びた一重咲の品種で、染井吉野とはまた違います。

山桜を追いかけて、一の鳥居、二の鳥居と、山道を夢中で登って行きました。

花曇《はなぐも》り

花の咲く頃は季節の変わり目、暖かい空気に包まれながら、霧や雨や曇《どん》天《てん》も多い時期です。そんなお天気を花曇りと呼びます。

お花見に花柄の着物はと思う事がありますが、今日は花曇りですから試してみましょう。

花《はな》筏《いかだ》

花は、散り際が最も美しいといわれます。水の上に散り重なり、水を滑るように流れる風情を花筏と呼びます。

岸本部長が堀端の水を覗いて、「花筏ですね」と、私達に教えてくださいました。

生活

花菜漬《はななづけ》

味覚50
視覚30
嗅覚10
触覚10

菜の花と葉をそのまま塩漬けにしたものです。京の花菜漬がよく知られています。黄と緑の目にも楽しい漬物が食卓に並ぶと、家に居ながらにして行楽気分が味わえますね。温かいご飯に乗せるとほんのり春が香ります。おにぎりは勿論のこと、パスタやサンドイッチにも何だか合いそうです。今思いついたのですが、スモークサーモンと玉葱の薄切りと花菜漬を辛子少々塗ったパンに挟んでサンドイッチに、花菜漬と厚揚げのアーリオ・オリオ・ペペロンチーノ（大蒜《にんにく》とオリーブオイルと唐辛子のパスタ）。このレシピいかが？

■使用例

京女は漬物ばかり買うと主人は言いますが、京都土産はやはり花菜漬ですよ。

生活

春日傘《はるひがさ》

視覚60
触覚20
連想力20

春の日差しは日に日に強くなりますが、まだ夏の日差しほど切実なものではありません。冬を抜け出した華やかさ、夏を迎える明るさなど、春ならではの雰囲気を楽しむにふさわしい淡い色の軽やかなデザインの傘をさしたくなります。同じように、冬のショールや手袋や帽子では、春の街を行くのにそぐわない気がします。季節感があるからファッションの流行が生まれるのです。季節を先取りするのはファッション誌だけではありませんよ。春コート、春日傘などの季語を歳時記で見ると、心は一足先に春へ飛んで行きます。

■使用例

ハルヒガサという響きが好き、それが日傘コレクションのきっかけになりました。

お祝いの手紙

お祝いの手紙でまず大切なのは、早めに出すということです。入園、入学、卒業、入社といったことであれば前々からわかっていますので、お祝いの品も早めにそろえておくとよいですね。

また、何かを受賞したなど、突然の知らせだった場合にも、お祝いの品を用意してから連絡しようというのは残念な選択。お祝いは別便で送ってもかまわないのですから、すぐにでもお祝いの手紙を出して喜びをわかち合いましょう。

また、お祝いの手紙でもうひとつ気をつけたいのは、忌み言葉を使わないということです。忌み言葉というのは縁起の悪い言葉のこと。祝い事の種類によって忌み言葉も変わってきますが、終わる、滅びる、苦しい、壊れる、あせる、流れるなどという言葉はどんな種類のお祝いにも向きません。

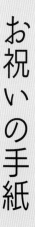

「そんな言葉お祝いで使うわけないよ〜」なんて思った人は注意ですよ！　そんな人はうっかり「おふたりで新たなスタートを切り」なんて書いてしまったりするものです。こう書いてもピンときていない人もいるかもしれませんが、「切る」は忌み言葉です。

季節をいきいきと表現するということはとても大切なことですが、こういった基本があってこそいきてくるものです。

お祝いの気持ちを伝えるのに、ついつい美辞麗句を並べてしまう人がいますが、それでは慇懃《いんぎん》無礼になってしまったり、使い古された言葉が並んでしまったりと、かえって逆効果になることもあります。また、洒落た表現をしようとひねり過ぎてしまうのもあまりよくありません。

お祝いの手紙はまず「よかったね！　めでたいね！」という気持ちありきで、その想いをいかに伝えるかがポイントになります。

季節の表現にしても同じですが、いかに自分の感じた想いをスケッチするかのように言葉にするか。それを意識することが大切です。

姉妹書簡
夏井いつき・ローゼン千津

孫が保育園に入園した時に、妹千津からもらった手紙です。千津の夫（ニック）はアメリカ人の音楽家で、現在は夫婦で山梨県で富士山を眺めながら暮らしています。

千津 >>> いつき

サントリーホールの演奏会を終え、山中湖に戻りました。富士山は去年より早い雪解けです。残雪の白い筋と鴨の羽根のように青い谷とが美しい斑模様を作っています。ニックいわく「チキュウノヨウニアオイネ」。やはり富士は普通の山ではなかった。松山の山は今頃にこにこ笑っていますか。鯛ちゃんのご入園おめでとうございます！　俳人に揉まれて育った彼ですもの、人や自然に対する好奇心と観察力を武器に花の園児となるでしょう。小さな蝶ネクタイを別便で送ります。

ポイント

短い文章の中にも近況と挨拶（富士の早い雪解け）、相手の状況を問う挨拶（松山の山笑う）、本題（孫の入園祝い）、結び（お祝いの品送付の連絡）をまとめています。俳句と同じで、季節らしさというのは長く書かなくても伝わるものです。この手紙も春らしいほのぼのした雰囲気が伝わってきますね。また、読んでいて楽しくなるユーモアも忘れずに！

いつき >>> 千津

蝶ネクタイの蝶が飛び回りそうなほど麗らかな松山。鯛ちゃんの入園祝い届きました。ありがとう！　試しに着けてやると、恥ずかしがりつつも気に入ったらしく外させてくれません。今、首につけたままお昼寝中～（笑）。ニックのバッハの録音、進み具合はいかがですか。山梨の空と湖と空気が今までにないバッハにしてくれると確信してます。CDの完成楽しみに待ってます！　私たちは明日から番組収録で東京へ。ウィスキーの美味しい店見つけました。今度是非一緒に。

ポイント

たとえ短い手紙でも、起承転結は大切です。カジュアルな雰囲気の手紙でも必ず下書きをしてくださいね。また、季節の描写は紋切り型を避けて、自分の言葉で書くようにしてください。それだけでとてもあなた自身を身近に感じる手紙になります。さらに相手とその家族を気遣う一文を忘れないようにしてくださいね。

まとめ

気持ちがうきうきしてくる春は、手紙にもその想いを乗せて相手にも楽しい気持ちを届けましょう。また、お祝いは品物を贈るだけでなく、手紙を添えるだけで喜びひとしおです。

第二章

夏の美しき日本語

夏の表現とは

暑ければ暑いほど
すがすがしい
涼しさが生まれる。
その対比が大切。

夏の手紙は、山が滴るように瑞々しく表現してみましょう。「暑さ」と「涼しさ」がキーワードです。

私の個人事務所の社長であり句友でもある夫が、暑いマンションのベランダにゴーヤを植えてくれてから、夏の日差しが格段に過ごしやすくなりました。緑の蔓カーテンを通して吹く風のすがすがしさ、瑞々しさ。

しかも彼の作るゴーヤと海老のアヒージョときたら！　ビールが進みまくります。

また、わが町、俳都松山の夏の風物詩「俳句甲子園」は、大街道という地元の大アーケード商店街を舞台に闘われますので、冷房なんてものはございません。審査員や観客は団扇《うちわ》や扇子を手に手に、高校生たちはハンカチで汗を拭き拭き、言葉と言葉の真剣勝負と向き合います。

差し入れの麦茶にかき氷、打ち水のありがたさが身に染みます。風鈴の音も涼しい応援です。試合中ごろごろ雷が鳴り、夕立がざんざん降り、涼しさが勝つかと思えば、一挙に逆転する蒸し暑さは凄まじいものです。

暑さがあるから涼しさがある。実は暑さと涼しさは、敵同士ではなく味方なのですね。

こんな暑さと涼しさの妙を、身近な季語で体感してみましょう。

三夏

五月六日頃の立夏から、八月八日頃の立秋の前日までが夏です。じめじめした夏や強い日差しなど、多彩な夏の表情に注目。

生活

香水《こうすい》

嗅覚 80
連想力 20

香水が夏の季語という感覚は外国人にはわかりにくいようです。日本人ほどまめに洗濯をする習慣のない国の人々は、一年中真夏のように香水を使います。クリスマスなどギフトシーズンには、下着店と競うように香水店が大賑わいだそうです。日本ではみな薄着になり、汗をかく夏の時期、香水がよく使われますね。冬はあまり使わない人も夏になると使いますから、香水は夏の季語になりました。柑橘系のシトラスの香り、ジャスミン・ローズなどのフローラル系、ムスクやアンバーなどオリエンタル系、ハーブなどのグリーン系、樫の木に生える苔の香のシプレー系など、様々な種類の香りがあり、昔は香水といえば女性用が主流でしたが、今では男性用やユニセックス（男女兼用）の香水も豊富にあります。

■使用例

今日駅ですれ違った人の香水が、亡くなった叔母の思い出を呼び覚ましました。

あまりに完璧な彼女の、完璧な香水の香りに、とうとう声をかけられずじまいでした。

天文

雲《くも》の峰《みね》

視覚50
連想力50

気象用語としては積乱雲、別名は入道雲といいます。春の雲とは違い、雲の輪郭が、夏空にくっきりと鮮明です。天に向かってむくむく仁王立ちになったような雲の姿が、むくつけき坊主頭の入道のように見えることから、入道雲と呼ばれるようになったそうです。雲の峰は、四方の山からの反射による日射が特に激しい盆地に多く現れ、しかも現れる場所がだいたい決まっているので、坂東太郎（武蔵地方）、丹波太郎（大阪）、比古太郎（九州）、信濃太郎（信濃）などのニックネームがついている地域もあります。

中国の詩にある、「夏雲奇峰《きほう》多し」という言葉の影響で作られた季語であるともいわれています。

「雲の峯幾つ崩て月の山　松尾芭蕉」これほど美しい雲の峰の描写を知りません。松尾芭蕉は弟子の曾良とともに、約百五十日をかけて東北・北陸を巡り、『奥の細道』という紀行文を書きました。その中の六月六日の句です。白く大きな雲の峰がぐんぐん伸びてそそり立つのを昼も夜も見ながら昇り、山の頂上から月山《がっさん》の神々しさ美しさを見て、嗚呼あの雲の峰が崩れてできた月の山なのだ、と直感的に詠んだと思われます。神業ですね。

■使用例

赤ちゃんの目に雲の峰は見えるものでしょうか。時々手を伸ばしてつかんでいますよ。

今日の雲の峰は、ガッツポーズのように見えます。私の企画書が初めて通りました。

生活

打《う》ち水《みず》

視覚 30
触覚 30
聴覚 20
嗅覚 20

昔は冷房などがなかった分、暑さと涼しさを今よりも切実に感じ、様々に工夫をして涼を取りました。水に親しみ、水を使う知恵もたくさんありました。門前や露地や店先などに、特に夕方水を打ちますと、人も草木も生き返るようにほっとして、昼の暑さを忘れます。今も昔も、子ども達は「泳ぎ」や「水遊び」が大好き。「プール」「海水着」「ボート」なども夏の季語です。「浮人形」は、「行水」の盥《たらい》や、ビニールプールの中などで、「水鉄砲」とともに活躍する玩具です。「浮いて来い」という別名が、私は好きです。

■使用例

留学生のサム君は京都でお寺巡りした後、露地で出会った打ち水に大感激。

植物

木《こ》下《した》闇《やみ》

視覚 40
聴覚 20
嗅覚 10
連想力 30

夏木立の鬱蒼《うっそう》と茂った、昼なお暗い陰りを「木下闇」と呼びます。「緑陰《りょくいん》」という季語もありますが、そちらは明るい夏の日差しに緑滴る木立の陰をいいます。木漏れ日が美しく、木陰にテーブルを置きランチでもしたくなるような語感です。木下闇は、その緑陰よりさらにほの暗い、青葉が迫ってくるようなちょっと怖い木陰をいうのです。「須磨寺や吹かぬ笛きく木下やみ　松尾芭蕉」「緑陰にあやしき石を売つてをる　夏井いつき」一句目の怖さと、二句目の軽さあやしさが、まさに二つの陰の違いかと思いますが、いかが。

■使用例

あの大きな樹の木下闇で会いましょう、と亡き先生が言いました。そんな夢を見ました。

生活

端居《はしい》

触覚40
視覚30
聴覚30

これは読んで字の如く、（家の）端に居るという行為です。なぜ季語なのかというと、昔は冷房がなかったため、室内の暑さを避け、縁先など涼しい端の方へと居場所を移してくつろいだのです。「流れ来るものおもしろき端居かな　石井雨石」この句のように、窓の下を川が流れるような窓辺に端居して、風を感じながら流れてくる物を見ているのは、いかにも涼しそうです。今でも冷房の苦手な人は、端居をして涼んでおられると思います。マンションのベランダも立派な端居。「バルコニー」も夏の季語なんですよ。

■使用例

バルコニーに端居して語らい、ハルビンの短い夏を惜しむ人々をたくさん見ました。

生活

生《なま》ビール

味60　嗅10
視10　触10
聴10

夏になると冷えたものが欲しくなります。特に生ビールは夏の飲料の王様です。ドイツ、ベルギー、イギリス、アメリカ、日本、とビールの美味しい国を数え上げたらきりがありません。ビールの製造工程で熱処理していないものが生ビールです。実は日本の瓶ビールは、ほぼすべて生ビールです。「氷水」「ソーダ水」「ラムネ」「アイスクリーム」「心太《ところてん》」などが夏の季語なのはわかりやすいけど、不思議なのは「甘酒」。米麹から作られる甘酒にはビタミンやアミノ酸が多く含まれ、夏バテ解消になるのです。

■使用例

一仕事終え、夫婦無言の内に肴を拵え、生ビールを冷えたグラスに注ぐ。これぞ幸福。

天文

青嵐《あおあらし》

視覚 40
聴覚 30
触覚 10
連想力 20

嵐といっても風雨を伴う嵐ではなく、青葉を吹き渡り、森を揺さぶる、青々と逞しい風のことをいいます。

冬は北風、夏は南風、春は東風というふうに、四季により風の方向はほぼ定まっています。「青嵐」も南風ですが、季語としては「南風」の方が生活語として使われているようです。本書では主に、古い時代の俳人の句と夏井いつき自身の句を紹介していますが、季語「青嵐」を詠んだ句の中にも、つい口ずさんでしまう現代俳人の名句が数多くあります。この美しい日本語を生かした名句に触れてみることも、あなたの言語感覚を磨く有効なエクササイズ。図書館で色んな歳時記を開いて「青嵐」の句を探してみましょう。夏の南風を美しく詠んだ季語には、他にも「風薫る」があります。「風薫る候となりました。お元気ですか」は夏の手紙の定番の書き出し。青嵐より柔らかい雰囲気の風です。今年のあなたは、是非「青嵐」を使ってみてください。「濃き墨のかわきやすさよ青嵐　橋本多佳子」青葉の梢を吹き渡って来た風が、紙の上に筆を走らせた瑞々しい墨の跡をすぐに乾かせてゆきます。風の動きが見え、匂いもいきいきと伝わります。

使用例

天守閣のある本丸広場で、突然の青嵐に帽子を飛ばされそうになりました。

右手に裾野を見ながら富士五湖道路を走る時、青嵐が龍の如くのたうつのが見えます。

天文

虹《にじ》

視覚50
聴覚10
連想力40

夏、夕立などのあとに現れることが多いので、「虹」といえば夏の季語です。他の季節は、「春の虹」「秋の虹」「冬の虹」と呼ばれます。

普通、虹の色は、内側から菫《すみれ》色、藍、青、緑、黄、橙、そして外側が赤ですね。朝虹が立てば雨、夕虹が立てば晴れ、と昔の人は虹で天気を占いました。下駄をひっくり返すよりは当たりそうな気がします。虹は、常に太陽を背にして見ることができます。高山に登る人は、朝日や夕日を背にして、向かい側の雲霧の中に「円虹」を見ることもあるそうです。高浜虚子は、晩年可愛がっていた病弱な女弟子愛子を励ますのに、虹の句の葉書を出しました。「虹たちて忽ち君の在る如し」、「虹消えて忽ち君の無き如し」また愛子と一緒に虹を見た旅の場面を、「虹」という随筆にも書いています。虹はただ美事《みごと》な自然現象というだけでなく、このように「儚いから美しい」というイメージが日本にはあるようです。では外国ではどうかといいますと、アメリカの小学校で家族の絵を描かせると、ほとんどの子供が、虹の下に手をつなぐ家族を描くそうです。アメリカの虹は、幸福と調和の象徴なのでしょうね。

「異国語の字幕のごとく虹消ゆる　夏井いつき」

■使用例

窓の外に、大きな虹が立った瞬間でした。初孫が生まれた、と電話があったのは。

山中湖にはよく虹が立ちます。白鳥の船が虹をくぐって行くのは実に平和な光景です。

初夏

五月六日頃の立夏から六月六日頃の芒種の前日までが初夏。
かつてはこの時期が稲や麦など芒のある穀物の種を蒔く頃でした。

植物

筍《たけのこ》

味覚 50
嗅覚 20
触覚 20
視覚 10

地面から顔を出した筍を掘り、生またはゆがいて刺身や焼き物にしていただきますと、肉厚で柔らか、歯ざわりよく、香りが楽しめます。そうはいっても、筍を掘りに行くのはなかなか大変ですから、茹で筍を買い、だし汁、醤油みりんお酒と、塩ひとつまみで煮て、その汁と筍を炊き込んで、季語「筍飯」をいただきましょう。

■使用例

筍飯を土鍋で炊いて、木の芽を添えて出しますと、あとはお漬物でもあればご馳走です。

生活

更衣《ころもがえ》

視覚 50
触覚 30
嗅覚 10
連想力 10

昔は宮中でも一般の人々でも、陰暦の四月一日と十月一日に一斉に衣更えをしたそうです。今の省エネファッションには、その名残があるのでしょうか。各家庭はというと、暑くなったからそろそろ夏物を出すか、という具合に各自ばらばらにします。せっかくの季語ですから、せめてお祝い気分で、家族一斉に簞笥《たんす》の整理をやってみませんか。

■使用例

五月最初の土曜を我が家の更衣と定め、家族一斉に更衣、その後、筍飯を頂きました。

行事

端午《たんご》

視覚20
嗅覚20
触覚20
味覚20
聴覚10
連想力10

端午とは、五月の端《はじめ》の午《うま》の日のことです。江戸時代以降より、武家の男子の尚武《しょうぶ》(武勇)を祈願する意味で菖蒲が用いられ、男子の節句となりました。
古く中国では、季節の変わり目である端午の日に、病邪を祓う薬草の菖蒲や蓬《よもぎ》の葉で作った人形を門に飾りました。
日本でも平安時代中頃から、火災などの邪気を祓うため、軒に菖蒲を葺《ふ》き蓬を添えたそうです。
現代日本でも出世魚の鯉を型どった幟を立て、武者人形を飾り、粽《ちまき》や柏餅を食べて男子の出生や、将来の出世をお祝いします。

■使用例

端午の節句に男孫一人ずつ膝に入れ、祖父母は手酌でご満悦です。

column
いろいろ使ってみよう！

端午の季語

隣の鯉《こい》幟《のぼり》はでかく見える?!

「風吹けば来るや隣の鯉幟　高浜虚子」この句を読むと、ベランダにいる私の方へ、お隣の鯉幟が風にふくらんで泳いで来る場面が見えるようです。私には現在、男孫が二人。端午には菖蒲を入れたお風呂に乳児と幼児をつけ、隣へは泳いで行きそうもない小型の鯉幟をベランダに立て、粽と柏餅だけは特大のを買って祝っております。

菖蒲湯：菖蒲の葉を入れて、お風呂をジャングルにしますよ。

武者人形：ほら武者人形が来るよ、と言えばいい子になる三歳児。

柏　餅：お仏壇にあげてから、柏餅を一緒に頂きましょうね。

植物

葉桜《はざくら》

視覚50
聴覚20
嗅覚10
味覚10
触覚10

桜の花が散ったあとの楽しみは、その若葉の美しさです。咲き誇る桜よりむしろほっと息がつける優しさを感じます。

同じように「若楓《わかかえで》」のみずみずしい緑は、楓紅葉の赤よりも目に優しい風情があります。また、「余花《よか》」というのも夏の季語で、葉桜の緑の中にところどころ咲き残る桜をいいます。

「残花」は春の季語で、遅桜よりさらに遅く、春に間に合わなかった花という寂しさを感じさせます。刻々と移り行く桜の姿が、いちいち微妙な意味を含んだ季語になっているのですね。

「葉桜やはるかな水が井戸の底　夏井いつき」

井戸の底をのぞくと、水が遠くに見えます。葉桜の茂りの下にある井戸をのぞくと、さらに果てしなく永遠のように遠くに水が見える気がします。この永遠は先のわからない不安なものではなく、葉桜の持つ安らかさに守られた永遠なのです。

心を解き放って見つめれば、必ず人とは違うあなただけの印象が生まれます。人と違うことを言って笑われるのでは、なんてプライドは捨てましょう。自分の感覚を自分の言葉にしていく練習を積めば、自然に人が耳を傾けてくれます。

■使用例

葉桜がまぶし過ぎる公園で、何も言えぬまま、二人で手に汗をかくほど歩きました。

葉桜の一枚に、顔寄せて匂いを嗅ぐと、確かにしっとりと桜餅の匂いがしました。

動物

初鰹《はつがつお》

味覚 70
嗅覚 10
触覚 10
視覚 10

「鎌倉を生《い》きて出《いで》けむ初鰹　松尾芭蕉」鎌倉に水揚げされ、宿場街道を馬などで運ばれて江戸にやってきた初鰹。この句は、鎌倉を出た時は生きていたんだろうと、江戸で見て詠んだ句だと思いますが、鎌倉の水揚げも今朝見てきたような芭蕉さんの口ぶりです。江戸っ子は女房を質に置いても「初鰹」を買うというほど、初物の鰹に夢中だったようです。それにしても女房が質に入れられるものなら入れてみたい、と思う男性はいるでしょう。亭主はどうしても質草にはならないように思います。

　鰹は、若葉の頃、黒潮に乗って内陸へ回遊してきます。今では、南洋などでとれた鰹が年中いただけますので、初鰹という季語が際立たなくなったとはいえ、やはり四国などでは初鰹を進物にしたりする家庭もあるようです。

　余談ですが、私が嫁いだ年の次の夏、実家の母が初鰹の巨大なのを三本もクール宅急便で送って来ました。実家の父が見事に魚を捌《さば》いていた手順を思い出しつつ、初めて自分で包丁を研ぎ、鰹と取っ組み合い、鰹の叩きを料《りょう》るべく奮闘致しました。以来、初鰹をさばくのが、初夏の恒例行事となっています。

■使用例

俎に初鰹を乗せると、ぴかぴか新車のように光って、どこから切っていいかわかりません。

実家で初鰹のタタキが待っていました。紫蘇の香に大蒜に玉葱、夏が来たって感じです。

時候

夏《なつ》めく

視覚20
聴覚10
嗅覚10
触覚10
連想力50

夏めくとはどういうことでしょう。夏らしくなる、だと夏になったという実感ですし、まだ春みたいなのにやはり夏だ、とすればまたニュアンスが違ってきます。夏になったなあ、という実感のこもる季語は、ほかにも、「初夏」、「立夏」、「薄暑」などがありますね。でも「夏めく」という言い方はそれらの季語にはない気持ちがときめくような語感があるように思えます。そのせいか歌詞などでやや使い古された言い回しでもありますので、今年はユニークな、あなただけの「夏めくもの」を発見して、人に伝えてみましょう。

■使用例

今日父が、山歩き用のチロル帽を買って来ました。何だか夏めいている父です。

植物

牡丹《ぼたん》

視覚50
嗅覚20
触覚20
聴覚10

立てば芍薬《しゃくやく》座れば牡丹歩く姿は百合の花、と女性の立ち居振る舞いの美しさをたとえていいますが、なぜか夏の花ばかり。女性の服や香水をデザインする上でも、これらの花はなくてはならない存在です。白牡丹、黒牡丹、紅、淡紅、紅紫、黄、絞りなど牡丹園には夏の色と香りがあふれています。

「ぼうたんに触れて子供のはにかみぬ　夏井いつき」牡丹の季語は、ぼうたん、ともいいます。こよなく優しい語感ですね。ぼうたんの花は、子どもが触れてもちょっとはにかんでしまうようなあでやかな、色っぽい花だと私は思います。

■使用例

牡丹を見ていたら、夏のドレスがとってもほしくなりました。よろしく。

植物

蚕豆《そらまめ》

味覚50　嗅覚30　視覚10　触覚10

夏の匂いのする食べ物といえばキャベツに、トマトに、きゅうり、苺、それから蚕豆の匂いが、まさしく夏です。「蚕豆」は莢《さや》が空を向いているので「空豆」とも書きます。夏らしい色が浮かんできますね。「豌豆《えんどう》」の新鮮な緑色も美味しい夏の色です。豌豆の若くて柔らかい莢を摘んで、莢ごと食べると、その歯切れの良さに夏が来たという実感があります。最も柔らかい絹莢《きぬさや》の薄緑の色合いは、何のお皿にも合います。蚕豆や豌豆は子どもの絵本にもよく登場しますから、お母さん達には使いやすい食材ではないでしょうか。

■使用例

うちのお父さんは、枝豆、ビールしか言いません。時々、蚕豆、ビールの夜もあります。

生活

浴衣《ゆかた》

視覚50　触覚30　連想力20

夏の〝季語ファッションショー〟のメインは、そう、浴衣です。お風呂上りの素肌に着た湯帷子《ゆかたびら》を略して浴衣というようになったそうです。日本人は何でも言いやすく略すのがとても上手ですね。「言葉の文化」が高い証拠です。「黒田清輝湖畔」で検索してみると、浴衣姿のお手本が見られます。この絵画が、日本女性の美しさを世界に知らしめたと言っても過言ではないでしょう。最近の少女たちが浴衣ファッションを楽しんでいるのもいい感じです。「浴衣着《き》て少女の乳房高からず　高浜虚子」

■使用例

浴衣、団扇、下駄、蚊取り線香、花火、アイス、全部そろえたら夏が来ました。

仲夏

六月六日頃の芒種から七月七日頃の小暑の前日までが仲夏。夏至を過ぎ、どんどんと暑さが本格的になっていく時期です。

地理

皐月富士《さつきふじ》

視覚 60
連想力 40

「さつきふじ」と読みます。「五月富士」と書いてもよいのですが、ごがつ富士とは読まないでくださいね。梅雨入りしますと滅多に富士は見えません。梅雨の晴間にも頭から裾まで全部見えるとは限りません。晴れていても梅雨雲や夏雲に覆われ見えない日がほとんど。それだけに、梅雨の時期、富士が全容を現せばそれは絶景。感慨を込めて「皐月富士」と呼ぶのです。

新年に拝めば「初富士」、晩夏の朝焼に染まれば「赤富士」という季語になります。表富士、裏富士ともいいますが、山梨と静岡側のそれぞれ地元の人はそうは呼ばないんだそうです。お互い、こちらが表、と心の内で思っているからかな。ローゼン夫妻の話では、このネタは上品なフジヤマジョークとして海外で便利だそうです。

■使用例

皐月富士の色はちょうど、山中湖に残っている青首鴨の羽の色のようです。

雨の中をドライブして来て、奇跡の如く現れた皐月富士は、青い大仏のようでした。

植物

紫陽花《あじさい》

視覚50
触覚20
連想力30

紫陽花という字は、紫陽花にぴったりですね。英語では、ハイドレンジアといいますが、それはあまり紫陽花らしく聞こえません。紫陽花と呼ぶ時、私達はいちいち紫の陽の花と字をイメージしながら、紫陽花の色や形もイメージします。英語が悪いというわけではありませんが、アルファベットの連なりからはこういう連想力が働かないようなのです。それが英語圏で季語や俳句が生まれなかった一因かもしれないと考える人もいるようです。紫陽花はまた、「七変化」、「八仙花」という別名もあります。花が開いてから、順に色が変化していくところからついたのですね。ヘンリー・スレッサー作ミステリー「花を愛でる警官」に、紫陽花の色の変化から庭に死体を埋めたことがわかってしまったという話がありました。「あぢさゐやきのふの手紙はや古ぶ　橋本多佳子」紫陽花の色がまた変わりました。昨日届いたばかりのあなたの手紙がはや古い手紙のように手になじんでいます、という句です。紫陽花の花と、手にしっとりなじんだ手紙の質感がしっくりきます。このような二つの物の意外な取り合わせが、俳句や文章に大きな効果を与えることがあります。

■使用例

紫陽花が庭に咲き広がり過ぎて、まるでテントを張ったように賑やかです。

紫陽花をたくさん切って活けたら、花瓶が冷たくなりました。

天文

五月闇《さつきやみ》

視覚 40
聴覚 10
嗅覚 10
触覚 10
連想力 30

五月雨《さみだれ》のしとしと降る頃の、昼も曇りがちの薄闇や、月の出ない闇夜のことをこう呼びます。陰陽師が活躍していた時代の闇を思わせる、摩訶不思議なイメージではないでしょうか。春の「朧」とは違い、五月闇の中では微かな匂いや音が際立つような気がします。同じような暗さでも、「梅雨曇」という季語からは気象的な風景しか浮かびません。また「卯月曇」は、卯の花の咲く頃は晴れるでもなく降るでもなく、曇り空が続くことからきた名ですが、五月闇に比べると優しい響きで、ほのかに甘い花の香りもします。

■使用例

五月闇の書斎に、インクの匂いが残っていました。電灯をつけると消えました。

時候

夏至《げし》

視覚 40
連想力 60

二十四節気のひとつ。北半球ではこの日が一年のうちで最も昼（日の出から日没まで）の時間が長いとされます。日本では実際は梅雨の最中ですので、夏至だから今日は日が長いなあ、とはあまり自覚されにくいですね。一方北欧やアラスカに住むと、夏の日が本当に長く、太陽は地平に沈まず白夜となり、とてもロマンチックです。ヨーロッパでは夏至の夜、妖精の力が強まり、祝祭が催されるという言い伝えがあります。シェイクスピアの『真夏の夜の夢』の世界ですね。北海道でも北端近くは、白夜を経験できるそうです。

■使用例

夏至の森、白夜の海辺、と呟いて、夫は原稿用紙を丸めて又屑籠に投げました。

天文

梅雨《つゆ》

視覚40
触覚30
聴覚20
嗅覚10

梅雨って鬱陶しいですねえ、という当たり前の挨拶はもう止めて、今年からは様々な梅雨の季語を使って梅雨を面白く過ごしましょう。ちょっと素敵な響きの「五月雨《さみだれ》」も、実は梅雨のことなのですよ。梅雨に入ることを梅雨入《ついり》とはよくいいますが、「走り梅雨」という言葉も使ってみましょう。本格的な梅雨の前に降る雨をそう呼びます。そのまま梅雨になることもあれば、いったん晴れることもあり。「走り」は魚や野菜や蕎麦などと同じく、初物、走り物という意味ですから、そう呼ぶだけで梅雨が何となく楽しみになってきませんか。

■使用例

走り梅雨の間に、主人はさっと洗車を済ませました。降る前に洗う、が主人の口癖です。

column
いろいろと使ってみよう

梅雨に関連する季語
梅雨の秘密

私だけかもしれませんが、梅雨の楽しみは生えてくる茸を見ること。「梅雨茸《つゆだけ》」と呼びます。裏庭や道端におかしな形の茸が生え雨にうたれているのを見ますと、昔『男おいどん』という漫画の主人公が、押し入れにわんさか生えた梅雨茸を半ばやけくそで、こっそりラーメンに入れて食べていた衝撃的シーンが思い起こされるのです。

空梅雨：校内菜園の野菜が枯れそうで、空梅雨が恨めしくなります。

青梅雨：透明傘で青梅雨を浴び、身も心も青く染まりました。

梅雨晴間：お見合いの日は梅雨晴間。めでたく結婚となりました。

動物

蛍《ほたる》

視覚50
聴覚10
嗅覚10
触覚10
連想力20

「ほう、ほう、ほうたる来い」と団扇を持って、子どものころ「蛍狩」をした経験のある方もいらっしゃるでしょう。「草蛍」をそっと掬《すく》って掌に乗せたり、「蛍籠」に入れたりしましたね。「子供らの歩けばひかるほたる籠　夏井いつき」

　私は海岸で育ちましたので、イカ釣り船の灯は知っていますが、蛍を見たのは子ども達が生まれてからでした。吟行を兼ねて、毎年四万十川の「蛍吹雪」を見に行くようになりました。

　アニメ『火垂るの墓』では、妹を喜ばせるために、兄が蚊帳の中に蛍を放つシーンがありましたね。冷たい光がとても寂しく見えました。思い出すと泣いてしまいそうです。

　日本では蛍の保護運動が起こり、各地に蛍の川が復活しているとのこと。嬉しいですね。NYで暮らしていた妹の話では、マンハッタン島の真ん中にあるセントラルパークへ、夏の夕方オーケストラの野外公演を聴きに行くと、芝生の上に蛍がたくさん飛んでいるそうです。芝に寝そべってシャンパンを飲みながら音楽を聴く、その頭上の木に蛍がチカチカまたたいているなんて素敵ですね。

■使用例

子供に手渡された蛍の匂いを嗅いでみると、冷たい草の匂いがしました。

蛍の光が川に映って倍にも三倍にも見え、まるで星座のようです。

植物

黴《かび》

視覚 50
嗅覚 20
触覚 10
連想力 20

黴も善玉と悪玉とあるようです。チーズや麹などの食品になくてはならない黴もあれば、ペニシリンなど人類を助けてくれる薬品となる黴もあります。水虫のような黴は一番厄介ですね。梅雨時、家の中を見渡すと、黴《かび》の生えた物がひとつくらいはあると思います。私の義弟は（クラシック界では名の知られたアメリカ人のチェロ演奏家なのですが）、妹と結婚して日本に来たばかりの頃、テレビのインタビューを受けました。アナウンサーに「日本に移住してどんなことに一番苦労されていますか？」と聞かれ、義弟は大真面目に「えっと、黴に苦労しています」と答えていました。彼は、燕尾服などの古い舞台衣装をそれは大切に保管していますので、黴は大敵なのです。黴は、湿度の高い日本の夏ならではの季語。「黴の宿」「黴けむり」「黴の香《か》」「黴の花」などはさすが季語らしく優雅な響きで、ちょっと使ってみたくなりますが、「青黴」「黒黴」「白黴」「毛黴」などはちょっとリアル過ぎるでしょうか（笑）。「懐紙もてバイブルの黴ぬぐふとは　飯田蛇笏」和装の人が懐から取り出した紙で、聖書の黴を拭っているのを見て、あっと思った作者です。

■使用例

嫁に出した娘からSOS。何かと思えば、新しい畳に黴が生えたらしいんです。

お寺の宿坊に初めて泊まりました。大部屋の黴の匂いにも歴史を感じます。

晩夏

七月七日頃の小暑から八月八日頃の立秋の前日までが晩夏。
七月二十三日頃の大暑を過ぎると暑中見舞いは残暑見舞いに。

植物

茄子《なす》

味覚70
嗅覚20
触覚10

夏野菜の中でも、茄子は大活躍。煮てもよし、焼いてもよし、浅漬の茄子の鮮やかな色。ラタトゥイユなどのイタリアンや中華料理の炒め物にも欠かせぬ色と味です。おまじないのようですが、しゃっくりを止める方法に、「茄子の色は？」「紫」という問答が有効だそうです。ほんとかな？胡瓜の色、トマトの色ではだめかな？（笑）

■使用例

弟子のオサム君が、自分で栽培した茄子を籠に山盛りに、チェロレッスンに来ました。

植物

向日葵《ひまわり》

視40 聴10
触10 味10
嗅10 連20

「向日葵がすきで狂ひて死にし画家　高浜虚子」誰のことかおわかりですね。ゴッホにとって向日葵は、明るい南仏の太陽の象徴だったそうです。向日葵を一本新聞紙に包んでプレゼントするのも芸術家みたいで素敵ですね。また栄養価が高くダイエットによい向日葵の種を、サラダにしたり、パンに焼いたりして味わってみるのはいかが。

■使用例

向日葵を一本誕生日にくれた娘が、昨日３３００gの男子を出産しました。

行事

鬼燈市《ほおずきいち》

視40 嗅10
触10 味10
聴10 連20

七月九日、十日と東京浅草観音の縁日に、「ほおずき市」が立ちます。この日にお参りすると、普段の「四万六千日《しまんろくせんにち》」分の功徳があるといわれています。ほおずきは食用や薬用にもなり、ほおずき人形や、口で音を鳴らすなど子どもの遊びにもなります。漢字では「酸漿」「鬼灯」と書かれ、英語でも Chinese lantern plant と呼ばれます。なるほど小さな提灯みたいです。七月の六日～八日には東京入谷鬼子母神で「朝顔市」も立ちます。朝顔やほおずきの鉢を飾り、江戸の下町の夏の風情を楽しみましょう。

■使用例

お仏壇に飾っていたほおずきで遊ぼうとしたら、お線香の匂いが微かにしました。

生活

納涼《すずみ》

触覚50
視覚20
聴覚10
連想力20

夏の夕の暑さを避けて端居したり、涼み台を置いたり、庭の木陰やベランダで食事したり、川や橋の上に夜風を求めて出ることを「納涼(すずみ)」と呼びます。何でも便利になった今時は、コンビニに行けば簡単に納涼（?）できますし、ビルの中に噴水や滝を作ったり、水辺のカフェなども涼しげです。昔は、滝や泉まで一日かけて納涼に出かけました。牛や馬も川に連れて行き、冷やして洗ってやりました。暑さがなければ、涼しさもなし。どっちも夏の醍醐味《だいごみ》です。「暑気払い」といって梅酒を飲むのも季語体験です。

■使用例

東京国立博物館へ「納涼図屏風」を見に行ったら、シアワセに涼しくなりました。

生活

花火《はなび》

視覚50
聴覚30
嗅覚10
連想力10

日本で最初の花火というと、室町時代の寺の法事に唐人が花火を披露した、という古い記録が残っているそうです。そのようにして中国から伝わった花火ですが、元々は盂蘭盆《うらぼん》の行事として打ち上げられていたそうで、実は「花火」は秋の季語だったようです。だんだん夏の納涼の場で花火や花火大会が行われるようになり、夏の季語として定着したのだそうです。長崎では今でも、陰暦の盂蘭盆に花火を上げています。花火大会の「大花火」「揚《あげ》花火」「仕掛け花火」のほか、家庭で楽しむ夏の遊びとしての、「線香花火」「手花火」も季語になっています。キャンプ、海水浴、西瓜割り、ときたら、夏の一日の最後は、やはり花火ですよね。

「八卦見のをぢさんと見る大花火　夏井いつき」

誰と見るか、どこで見るかで、花火もずいぶん趣が変わってきます。上司と見る花火。先生と見る花火。美人と見る花火。恋敵と見る花火。泣く子をあやしながら見る花火。寝た子を抱いて見る花火。川に映った花火。橋の上で見る花火。屋上で見る花火。山に囲まれて見る花火。あなたは誰とどこで、花火を見ますか？

■使用例

ひとりぼっちで大花火を見に来るなんて、やっぱり間違っていました。寂し過ぎます。

孫の鯛ちゃん、初めての手花火に、初めてのアイスクリームよりびっくりしています。

生活

裸《はだか》

視覚60
触覚10
連想力30

裸は夏の季語です、なんて聞くと、どんな裸が思い浮かびますか。まず、海や川で遊ぶ子ども達の裸でしょう。またあせもが出るのを嫌って赤ちゃんを裸ん坊で遊ばせるお母さんもいますね。それからビキニや海パンを着けて海岸で遊ぶ若者達、ショートパンツやタンクトップで街を闊歩する素肌の少女達などが思い浮かびます。しかし、実は、田植えや畑や海や農場や道路工事など戸外で働く人達の裸こそが、季語「裸」の代表なのです。「極暑《ごくしょ》」のあまり上半身を脱いで、「日焼け」したぴかぴか光る胸や背に「汗の玉」を滑らせている姿です。日本では主に男性ですが、外国に行くと工事現場などで男性に負けず、筋肉隆々のほとんど裸に近い労働姿を見せる女性もいます。「丸裸」「赤裸」「真裸《まっぱだか》」と並べると、働く裸が次々と浮かんできます。子ども達が「真っ裸」で近所を駆け回る姿などは、最近あまり見かけなくなりましたが、その代わり、都会でも親水公園などができて、子ども達は「水着」や「裸足」で、思いきり「水遊び」を楽しみます。裸の子に「水鉄砲」をかけられる、裸でない親達はちと困ります(笑)。

「行水の子の首にあるクルスかな　夏井いつき」

■使用例

子供の頃、「ヤギさん」というあだ名の真っ黒な裸の豆売りのおじさんが来ていました。

河口近くまで行くと、裸で練習しているボートレースの選手達がいました。

天文

朝曇《あさぐもり》

視覚 50
触覚 30
嗅覚 10
連想力 10

晩夏の頃、どんよりと曇って涼しい朝があれば、「午後からきっと暑くなるよ」と祖母に言われたものです。前日の強い日射で蒸発した水蒸気が、早朝冷えて曇りとなるのです。同じように「朝焼」だと天気は下り坂、「夕焼」なら明日は晴れる、ともいわれます。「朝曇」という季語は、明治時代に初めて歳時記に載りました。「朝曇り墓前の土のうるほひぬ　飯田蛇笏」朝曇りのひんやりした時間のうちに日課の墓掃除をする人。毎朝墓に参り、雑草を取り、墓前の土に触れる人だからこそ、土の潤いが手に嬉しく感じられるのですね。

■使用例

朝曇には犬も早く散歩したがります。すぐに道が灼けるのを知っているんですね。

行事

祇園会《ぎおんえ》

視覚 50
聴覚 30
連想力 20

夏に流行する疫病や風水害の怨霊疫神退散を祈願して、京都賀茂祭（葵祭）や、祇園祭が始まったことから、「祭」は夏の季語になりました。祇園会は、八坂神社の豪華絢爛真夏のお祭り。典雅な葵祭と共に京の二大祭礼です。美しい山鉾《やまほこ》行列や心にしみる祇園囃子などは、祀神を鎮め守護を願うためなのですね。四条通から河原町通を巡行する山鉾には月や薙刀《なぎなた》、船など、名も形もさまざま。いちいち言葉でスケッチしてみたいものです。神田祭や天神祭、その他、全国の夏祭の由来を繙《ひもと》いてみるのも、暑さ凌ぎになりそうです。

■使用例

京都の大学生になって本物の祇園囃子を聞ける日が来るなんて、本当にラッキー。

生活

夏休《なつやす》み

視覚50
触覚10
味覚10
連想力30

日本の小学校、中学校、高校は、主に七月の中旬より九月上旬までの暑中を休校としています。大学ではさらに長期の休暇にわたります。官庁や銀行、会社などでも八月中に交代で夏休みを取り、帰省したり、山や海で遊んだり、普段学べないことを学ぶキャンプや林間学校も行われます。冬休みと夏休みには人がいなくなり、都会が閑散とするのも季節の風物詩です。避暑や避寒もまた、心躍る季語ですね。「下宿屋の西日の部屋や夏休み　高浜虚子」この句、何度読んでも、私が住んでいた下宿の部屋がありありと浮かびます。

■使用例

今年の夏休みこそ英語を習得すると、寝そべって洋画ばかり見ている夫です。

column
いろいろと使ってみよう

夏休みに関連する季語

季語の学校

大人にとって暑い時は休むのが一番ですが、リズムのない生活や塾や習い事ずくめの夏休みを苦手に思う子もいます。「学校で教へないこと菫の花　夏井いつき」。菫レバ炒めが好きでも、菫の花を知らない人もいますね。菫の咲く庭や畑は、虫好きの子どもには嬉しい居場所です。今年の夏休みは季語の学校へ行こう！

帰　省：帰省は、最初と最後がいいですね。真ん中はなくても。

林間学校：林間学校で機織りを教えています。昔私も習いました。

キャンプ：流木を拾って積み上げてキャンプファイヤーしました。

暑中・残暑見舞い

美しい手紙の書き方②

最近では暑中見舞いを出す人がめっきり減ってしまいましたが、過ごしづらい季節に相手を慮ってたよりを出すというのはとても素敵な習慣です。近年のように狂気のような暑さが続いている時なら一層、見舞いのたよりをもらうのはとても嬉しいものです。

暑中見舞いは必ずしも「暑中お見舞い申し上げます」で始めなければならないというものではありません。その時期に、相手を励ますたよりを出せばそれはすべて暑中見舞い。せっかくですからあなたの状況なども、見たまま感じたままを文字でスケッチするように、オリジナリティいっぱいに表現してみてください。

暑中見舞いを出す期間は一般的に小暑（七月七日頃）から立秋（八月八日頃）になるまでといわれています。しかし、実際には七月七日の頃はまだ梅雨が明けていない

ことが多く、暑いといってもじめじめするといった感じで暑中といってもピンときません。いきいきとした表現をするためにはやはり、自分が感じるということが重要になりますから、土用を過ぎた頃に出すのがよいのではないかと思います。うっかり立秋を過ぎてしまったら残暑見舞いになるので注意を。

ちなみに寒い時期に出す寒中見舞いは松の内が明けてから立春（二月四日頃）になるまでです。

寒中見舞いは暑中見舞いのように、純粋に相手を気遣って送るということは少なく、喪中で年賀状が出せない時や、年賀状を出すのが遅くなり松の内を過ぎてしまった時などに出されることが多いのではないでしょうか。

目上の方などに寒中見舞いを出す場合には、儀礼的にしっかりと「寒中お見舞い申し上げます」から書き始めたほうがいいこともあります。しかし、そういった場合でもやはり自分の言葉で季節を伝え、相手を気遣うという文章を心がけていくことが大切です。

姉妹書簡

夏井いつき・ローゼン千津

暑中見舞いはハガキでだす人が多いでしょう。あまり長い文章は書けませんので、通りいっぺんの挨拶よりも、あなたらしい報告や表現を端的にまとめてください。

千津 >>> いつき

富士の山開きを迎えた山梨の樅楓舎スタジオにて、和製チェロによるバッハの録音が完了しました。後はCDの完成を待つばかり。こちらは涼しくニックの体調も元通り、松山コンサートに向けて着々と準備しています。その節は又お義兄さんにお世話になります。ところで、先日の俳句対局は見応えありました。熱かったですね。団扇を握りしめて観戦、応援、まるでボクシングの試合でした。鯛ちゃんもうすぐ夏休み。正人君の所も直ぐ出産ですね。暑サニ負ケズ頑張レ祖母。

ポイント

「暑中お見舞い申し上げます」という決まり文句にこれだけの文字数を使ってしまうのはちょっともったいないですよね。この手紙のようにカタカナも交えて“宮沢賢治風”にまとめてみると、ユーモアもあり元気もわいてきます。また、妹夫婦が元気でいることも、そして私ども夫婦への気遣いもしっかり書かれていて、明るく頑張ろうという気持ちにさせてくれます。

いつき >>> 千津

りー君、生まれました！ 見事な安産でした。一時乳腺炎で心配したおっぱいも、今はたっぷり。夏の朝の太陽を小さな口で吸い尽くしそうな程、元気いっぱい吸ってます。次の松山レッスンの折には、りー君の顔みてやってね。そちらバッハの録音完了、お疲れさま。たしかニックが「自分へのご褒美にチリに夏スキーに行く」って言ってたよね。相変わらずエネルギッシュな年上の義弟～（笑）。私たちは俳句甲子園に向けて準備も大詰め。暑サニ負ケテル暇モ無イヨ、祖母ハ。

ポイント

妹の手紙にもわたくしの返事にも、長々とした季節の描写はありません。しかし「富士の山開き」「涼しさ」「団扇」「夏休み」「暑さ」といった季語を使うことで、自然な時候の挨拶となっています。このように季節を散りばめていくほうが手紙いっぱいに夏という季節が広がり、読む相手にも季節感が伝わるものです。

まとめ

夏の手紙は明るく、元気よくを意識。「暑中お見舞い申し上げます」といった紋切りな表現は避け、あなたらしい言葉で励ましの心を伝えてください！

第三章

秋の美しき日本語

秋の表現とは

色とりどりの
秋の恵みを五感を
使ってにぎやかに
表現してみましょう。

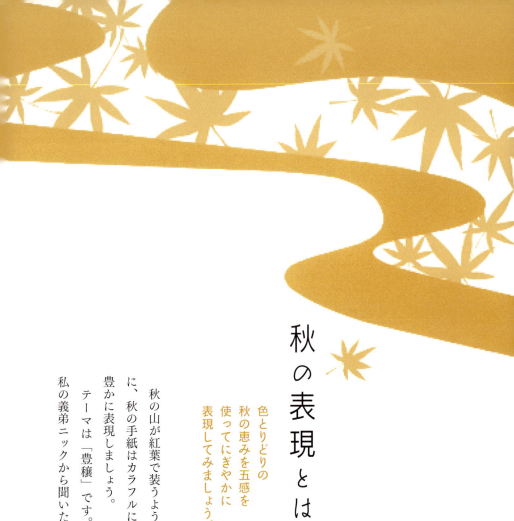

秋の山が紅葉で装うように、秋の手紙はカラフルに豊かに表現しましょう。
テーマは「豊穣」です。
私の義弟ニックから聞いたのですが、アメリカでは紅葉が色づく頃、感謝祭という収穫のお祭があるそうです。家族が集まって、季節の野菜や七面鳥のお腹に木の実などを詰めて丸焼きにした料理に、とっておきのワインを開け、林檎、桃、梨、無花果《いちじく》などのパイをいただき、フットボールの試合を楽しむそうです。
私の故郷の愛南町では、お神輿がお宮を出て黒潮の海を渡って行き帰りする、秋祭が行われます。高い秋晴れにそびえ立つ赤や黄色の大漁旗を満載した漁船が入江をうめ、船上で祭太鼓が打ち鳴らされ、荒獅子が舞われます。

　お祭のご馳走はやはり太平洋の恵みのお刺身です。脂の白く輝く鰯、歯応えの秋鯖、皮目の模様も美しい鱸《すずき》。皿鉢《さわち》盛という、海の幸と山の幸をひとつの大皿に山盛りにする、彩り豊かな郷土料理も並びます。

お腹いっぱいになって外へ出ると、祭りの後の海が澄みきって、秋夕焼けに染まります。

　田舎に帰って行事に参加できない方も、デパ地下に行けば秋の味覚、松茸祭や秋刀魚祭をやっています。山の幸、海の幸に感謝して、彩りと味わいを手紙に書いて伝えましょう。

三秋

秋は八月八日頃の立秋から十一月八日頃の立冬まで。少しずつ寒く、寂しくなっていく季節を表現していきましょう。

天文

鰯雲《いわしぐも》

視覚 50
聴覚 10
連想力 40

高い秋空いっぱいに白い小さな雲が、鰯の群れのように集まっているのを鰯雲といいます。この雲が見えると、雨が降るとも、鰯の大漁があるともいわれます。魚の鱗のように見えるので鱗雲、鯖の背にある斑紋に似ているので鯖雲ともいわれます。「いわし雲大いなる瀬をさかのぼる　飯田蛇笏」瀬とは川の浅瀬の流れの激しいところや、潮流のある海峡のようなところを指します。鰯の大群が急流をさかのぼるような、海峡を渡っていくような雄大な雲の動きが見えてきますね。漁業生活をする人々は、このような自然のサインを見逃さず、雲や風の動きをさっと見つけ、じっと見守る目を養いました。都会生活に直接関わりのない雲の動きですが、雲の名前を知るだけで、雲への思いが変わってきます。

■使用例

息子が初めてホームランを打った、今日の鰯雲を忘れないでしょう。

鰯雲がきれいだからでもないのですが、たまたま安かったので鰯を買いました。

天文

月《つき》

視覚 50
聴覚 10
連想力 40

季語で月といえば、秋の月です。秋は空気が澄み空も高く爽やかなので、秋に見る月が最も美しいからです。

秋以外の月は、「春の月」「夏の月」「冬の月」と呼ばれて季語となります。満ち欠けする月にもそれぞれ名前があります。陰暦八月の第一日目は「初月」、「二日月」は黒い月に光が生まれ、「三日月」は夕空にほっそりと眉を描いたよう。七日、八日ころ、「弓張月」（上弦の月）の出る宵は「夕月夜」と、だんだん源氏物語の世界になってまいります。陰暦八月十四日は「待宵」。明日の天気が気になります。いよいよ十五日は仲秋の満月。芋や団子をお供えしますから「芋名月」とも呼ばれます。

名月を境に、月の出がだんだん遅くなります。いざよう（ためらう）ように出る「十六夜《いざよい》」、立って待つ「立待月《たちまちづき》」、座って待つ「居《い》待月」、寝て待つ「臥《ふし》待月」、夜更けまで待つ「更《ふけ》待月」、遅い月を待つ深い闇を「宵闇」、「真夜中の月」、「有明月」ときて、最後に見るべき月は、翌月、陰暦九月十三日の「十三夜」。十五夜と十三夜、「二夜の月」を見れば、今年の秋のお月見は、完璧ですね。

使用例

初月から待宵まで、毎晩二人で空を見上げたのに、十五夜だけ一人ぼっちなんて。

芋名月にちなんで、今夜の女子会は芋焼酎で乾杯です！

月

月が見えないことまで月として楽しむ。何が何でも月を楽しむ日本人の心意気。

十五夜、名月と呼ぶほか、「今日の月」「望月」「満月」などという呼び方には、月を待つ心がこもっています。十五夜が一番明るい月ですから、「明月」とも呼びます。それを盃に映せば「月見酒」。どんな手の込んだ酒肴より、里芋の子を皮のまま茹で、熱々をつるんと剥き、塩をつけて食べる「衣《きぬ》被《かつぎ》」が、「月の客」にふさわしいでしょう。庭の隅々やベランダから見渡す町中くまなく月の光に照らされた夜は「良夜」と呼んで愛でましょう。雲に隠れて月の見えない夜は「無月」、雨が降れば「雨月」の風情を楽しむ。何が何でも月を楽しむ日本人の心意気が感じられます。

月《つき》代《しろ》

普通は聞かない言葉なので積極的に使ってみたいですね。月が今にも出そうに東の空が白んでくることをいいます。

今宵、月代が見えたらあの公園へ来てください。一緒に月の出を見ましょう。

無《む》月《げつ》

十五夜が曇りで月が見えない夜もまた季語になっています。雲の向こうに月がかくれんぼしているような風情です。

今夜、無月だったら大事な話をします。月に聞かれると恥ずかしいので。

雨《う》月《げつ》

十五夜が雨降りで残念と思うなかれ。特別な季語が使えるチャンスです。「枝豆を喰へば雨月の風情あり　高浜虚子」。

今夜は雨月ですので、日本の怪談映画を見ましょう。枝豆と冷酒でしっとりと。

植物

菊《きく》

視覚40
嗅覚20
触覚10
味覚10
連想力20

人家の庭や垣根に咲く菊を可憐な普段着の町娘としたら、「菊花展」に並ぶ菊はドレスで着飾った女優かモデルさんのよう。「菊人形」に、「菊枕」、菊を茹でて食べる「菊膾《なます》」、菊を浮かべて飲む「菊酒」など、菊の季語は日本独特の雰囲気を持ちます。陰暦九月九日、菊の節句と呼ばれる「重陽」を過ぎてなお咲くのは「残菊」。「晩菊」は残菊とは違い、晩秋に咲く菊のこと。「大菊の衰へてゆく薫りかな　夏井いつき」大輪の菊は衰えてゆきつつも、最後まで凛とした色香を失いません。日本女性の老い方のお手本にしたいのが菊の花ですね。

■使用例

菊の香とお線香を嗅ぐと、お祖母ちゃんを思い出します。はや三十三回忌です。

天文

霧《きり》

視覚40
触覚30
嗅覚10
連想力20

秋の山を歩くと、「朝霧、夕霧、夜霧、霧の海、霧の谷、霧の香、霧雨」などの、霧にまつわる季語にたやすく出会えます。霧の香は本当にあるのだろうか、と思う人もあるでしょうが、雨や雪に匂いを感じるように、霧にも匂いがあると私は思います。山の霧には木や土や鹿の匂いなどが混じっています。妹の話では、ロンドンやロサンゼルスなど街の霧には洗濯店の乾燥機の匂いや車のオイルなど街の匂いがするのだそうです。とはいえ、埃や煙の多い大都会の霧はスモッグや煙霧もありますのでご注意ください！

■使用例

チリのサンチアゴは盆地の為、海から流れ来る海霧が市中を包み荘厳な雰囲気です。

動物

虫《むし》

聴覚60
視覚10
触覚10
連想力20

もし平安時代に生まれていたら、スマホもPCもTVもなく、あなたは秋の夜長に何をしますか? 当時の人々は(といっても貴族の方々ですが)、雪月花を愛で、楽器を弾き、絵を描き、詩を詠み、物語を読み、恋をする。そんな暮らしだからこそ、季節の変化を待つ心が常にワクワクときめいていたでしょう。逆に言えば、ふだんは仕事や生活に追われていても、ふとした瞬間季節の変化に気づく心さえあれば、平安貴族のように優雅な時間をしばし持てる、ということになります。

夏の間鳴き続けていた蝉が黙り、蜩《ひぐらし》が鳴き始め、鈴虫や馬追《うまおい》が鳴き始めると、ああ、涼しくなったなあと感じます。蟋蟀《こおろぎ》、鈴虫、松虫、邯鄲《かんたん》、鉦叩《かねたた》きなど清爽で玄妙な鳴き声のコオロギ派と、螽斯《きりぎりす》、馬追、轡虫《くつわむし》など、野性味あって面白い鳴き声のキリギリス派があります。もちろん、鳴くのは雄だけです。

今年は虫の声に、もう少しだけ敏感に耳を傾けてみましょう。貴族たちは、「虫聞(虫の声を聞きに野山へ行く)」や「虫狩」に出かけ、庭に虫を放って鳴かせ、「虫合せ(虫の鳴き声のよしあしを競わせる)」をして遊びました。公園に行けば、虫はあなたを待っています。

使用例

夜店で買った鈴虫が、寝静まってから鳴きました。狭いながらも楽しい我が家です。

公園でさんざん蝉取りさせられた虫籠が、今はこおろぎ用。男の子って虫好きですね。

植物

茸《きのこ》

味覚 60
嗅覚 20
視覚 10
触覚 10

好きな食べ物に茸をあげる人は意外に多いです。うちの長男が子どもの頃、一時、好きな食べ物は？　と聞かれると「えのき！」と答えておりました。もちろん「松茸」を一度も食べさせなかったわけではございません。

「湿地《しめじ》、初茸、栗茸、舞茸、岩茸、楢茸、桜茸、滑子《なめこ》」などなど、字を見るだけで美味しそうですね。「天狗茸、紅茸、月夜茸、汗茸、笑い茸、しびれ茸」など、毒茸は聞くだに恐ろしげにして、見た目も毒々しいものです。「猿の腰掛」はいかにも猿が腰掛けそうな形。猿が一服している姿も想像できて楽しい季語です（ちなみに猿の腰掛は食用だそうです）。

ローゼン夫妻の話では、海外でも椎茸（シッタキ）は万人に好まれていて、有名な食材店ではマッシュルームより人気があるそうです。「椎茸の河童のお皿ほどであり　夏井いつき」河童のお皿は（お話では）普通は濡れて緑色ですが、椎茸みたいに茶色く生乾きのお皿の（多分中年の）河童も、探せばどこかにいそうな気がします。その河童が猿の腰掛に腰掛けている場面が浮かんできてしかたがありません。

■使用例

土瓶蒸しの松茸のように上品な人ですね、と言われてしまいました。これ褒め言葉？

富士山五合目の食堂のおばさんに茸茶を頂き、「いってらっしゃい」と見送られました。

初秋

八月八日頃の立秋から、九月八日頃の白露の前日までが初秋。
実感ではまだまだ夏の盛りですが、季節的には秋が始まっています。

時候　残暑《ざんしょ》

触覚 40　視覚 30　聴覚 10　連想力 20

立秋のあと、一度涼しくなりかけて、またもやぶり返す残念な暑さです。だからこそ残暑見舞いをもらうと嬉しいですね。季語を使うのは冒頭に限る、そんなルールはありません。あっても忘れましょう。「残暑お見舞い申し上げます」の通り一遍の挨拶より、あなたの残暑を伝え、励まし合って残暑を乗りきりましょう。

■使用例

この残暑のさなかに停電でした。家族でベランダに出て、夜風の涼しさを知りました。

植物　朝顔《あさがお》

視覚 60　触覚 20　連想力 20

夏休みに朝顔を観察した思い出から、朝顔は夏の季語と思っている方があるでしょうが、「朝顔」は秋の季語です。確かに秋の色をしています。「朝顔に釣瓶とられてもらひ水　加賀千代女」飯を炊く水を汲もうとしたら、朝顔の蔓が釣瓶の綱に巻きついているので、お隣で水をもらったという句です。暑さと涼しさ、どちらを感じますか。

■使用例

朝顔市で買ってきた朝顔が、蔓をベランダの手すりに巻き始めました。我が家にようこそ。

植物

木槿《むくげ》

視覚 50
嗅覚 20
触覚 20
連想力 10

この花の名前、漢字テストに出たら読めますか？「むくげ」とすぐに読める人は、きっと木や花の好きな人でしょうね。朝顔と同じように朝開き、夕方しぼむ花なので、中国の詩には、朝顔のことを木槿と書いているものもあるそうです。色は朝顔と似ていても、形は違います。木槿は紅紫色の五弁の葵に似た花をつけますが、「白木槿」もあり、花の中心に紅をぼかした「紅木槿」もあります。「道のべの木槿は馬に喰はれけり　松尾芭蕉」自分の乗った馬が、道端の木槿の花をむしゃむしゃ食べている風景です。可愛いですね。

■使用例

韓国の国花、木槿は私の大好きな花です。樹皮も花も生薬になるんですよ。

動物

蜩《ひぐらし》

聴覚 50
視覚 10
連想力 40

蜩が、かなかなかな、と鳴き始めると、秋の静けさを実感します。日の出前や日没後の薄明に鳴き、森林の暗い場所などでは日中でも鳴き、また日がふと陰って薄暗くなった時に限って、かなかなかなと鳴き出しますので、「日を暮れさせる」として「日暮」の名前がついたそうです。怖いアニメなどの日暮れの場面で、ケケケケケとか、キキキキキなど、蜩の声が緊張感を出していたり、映画のお墓参りの場面などでは、しみじみとした情感を盛り上げたりしますね。あなたはどこで誰と蜩を聞きたいですか。

■使用例

二人乗りのカヌーで島影に沿ってのんびり進むと、遠く林の奥で蜩が鳴いています。

天文

天《あま》の川《がわ》

視覚 60
連想力 40

北半球では、天の川は年中空にかかっていますが、夏から秋にかけてほぼ地平線と水平になって天頂に来ますので、際立って美しくなります。

古くから天の川は、織女と牽牛の七夕伝説とともに、繰り返し語られ、詩歌や俳句に詠まれてまいりました。

「天の川」だけで独立して季語となったのは、江戸の俳諧以降だそうです。「荒海や佐渡に横たふ天の河　松尾芭蕉」の句も、実は七夕の日との関連で詠まれたのだそうですが、句だけ見ると立派に独立して読めますね。これこそが、「誰でも知っている(月並みな)ことを言わず、自分の見聞きした季語を、自分の言葉で伝えよう」という俳句スピリッツの神髄であります。

時候の挨拶に「天の川」を使う場合、「今日は七夕ですネ。天の川を渡って二つの星が無事出会えますように！♥」なんて安易に書かず、あなたの見た、あなただけの「天の川」を、心を込めて相手に伝えましょう。

最後に、夏目漱石先生の〝ロマンチッ句〟を、何度も口ずさんで味わってください。

「別るるや夢一筋の天の川　夏目漱石」

使用例

屋上の電気が消えると、まるで雪のように天の川が降ってきそうです。

こんな河原に連れてきてどうすんのと思ったら、天の川が端から端まで見えるんです！

天文

野分《のわき》

視覚50
聴覚30
触覚10
連想力10

秋に吹く強風といえば台風です。台風といえば、暴風雨のイメージが強いですが、台風にもこんな素敵な別名があるのですよ。野山の草木をわけて吹く風という意味で名付けられた「野分」。これも素敵な日本語です。「野分だつ」といえば野分が吹き出すこと、「野分跡」は、野分が通り過ぎて晴れ渡ることです。源氏物語や枕草子に、野分の名描写があります。野分に吹き荒らされた垣や庭木や花々に心を寄せ心配しながら、清少納言(枕草子の作者)は、「こんな細かい格子の中にまでこまごまと葉っぱを吹き入れるとは、荒々しいだけの風の仕業とは思えない」と丁寧に観察し、いきいきと描写しています。台風に慄《おのの》きつつもわくわくと楽しんでいる彼女の気持ちが直に伝わり、共感を覚えずにはいられません。かっこよく書こうとしないで、こんな風に素直に、丁寧に写生文をしたためれば、必ず相手に好感を持たれます。

「大いなるものが過ぎ行く野分かな　高浜虚子」

野分の正体は風。風は普通見えませんが、野を吹き分ける姿がありありと見える野分をよく見て、「大いなるもの」という言葉が湧いて出たのだと思います。

■使用例

先週張ったばかりの芝生の上を野分が吹いています。吹き飛ばされぬよう祈るばかりです。

空港ホテルの窓から見える成田の森を、野分が這うようにゆっくり吹き過ぎて行きます。

時候

立秋《りっしゅう》

触覚30
視覚20
聴覚10
嗅覚10
連想力30

二十四節気の「大暑」の後が「立秋」です。八月八日頃に当たります。夏の土用が明けたばかり、まだまだ暑い盛りですが、立秋と聞けば、それだけで風の中に秋を感じる心が生まれます。

どこに秋が立つか、という俳句は俳人に好まれるテーマ。漬物の汁に秋が立つ、松の陰に秋が立つ、温泉の底に秋が立つ、耳の後ろに秋が立つ、伊予絣《かすり》の紺に秋が立つ、朝の鏡の中に秋が立つ、観音様の厚い瞼に……と、これらは実際に詠まれた立秋の句です。心のアンテナをぴんと立てると、秋が立つのが見えてきますよ。

■使用例

年々気難しくなる父いわく、秋が立った立ったと皆言うが、一体どこに立っとるんだ。

植物

西瓜《すいか》

味覚60
視覚15
嗅覚10
触覚10
聴覚5

夏休みにお腹をこわすほど西瓜を食べた思い出から、西瓜も夏の季語と思っている方があるでしょうが、「西瓜」は秋の季語です。元々西瓜の句は盂蘭盆の頃、お盆に西瓜をお供えしたことから秋の季語に定着したといわれます。「南瓜、冬瓜、糸瓜《へちま》、夕顔、苦瓜（ゴーヤ）」など瓜類は、秋風吹く頃がやはり美味しいですね。

混乱させて申し訳ないのですが、「西瓜割り」を晩夏の季語としている歳時記もあります。目隠しをした人が応援の声を頼りに竹竿で西瓜を叩いて割ってその場で分けて食べる海水浴の余興です。

■使用例

お義兄さんの麻婆豆腐は絶品。西瓜のゼリーも美味しかったです。またご馳走してね。

行事

盆《ぼん》

連想力40
視覚25
味覚20
聴覚5
嗅覚5
触覚5

死者の魂を祭るお盆は、聖徳太子の時代から行われていました。これも色んな時代の人々と、現代の私達がつながる季語ですね。季語を大切に守る限り、日本がいかに多様化しようが、日本人スピリット「大和魂」は続いて行くのではないでしょうか。

私の故郷の魂祭には、御精霊棚《おしょらいだな》を玄関先に拵《こしら》え、仏花や初物の野菜や、鬼燈の赤い実も供え、燈籠や提灯を吊り、墓参と盆踊で魂を慰め、桟橋から精霊流しを行います。灯に包まれた魂が波の彼方へ帰って行きました。

■使用例

盆踊の子ども達の指先の向こうに、故郷の盆の月がありました。

column
いろいろと使ってみよう

盆に関連する季語

迎え火送り火、我が家の灯

お盆も、お正月に負けないほどたくさんの季語があります。長寿の親類を「生身魂《いきみたま》」と呼び、ご馳走や贈り物をします。「茄子の馬」は、ひいおじいさんの魂があの世から楽に行き帰りできるように作るのですよ。玄関に火を焚いてお迎えしましょうねと、ひとつひとつお話ししてあげながら、子や孫と盆用意をするのも楽しく意義深いことと思います。

生身魂： 気がつけば私も生身魂。孫に花束を貰いました。

茄子の馬： 茄子の馬ほど可愛い物は、玩具屋さんにもありません。

墓洗う： 退屈なお墓参りも、お墓を洗うのはちょっと楽しいね。

仲秋

九月八日頃の白露から十月八日頃の寒露の前日までが仲秋。暑さ寒さも彼岸までといわれる秋分が過ぎ、過ごしやすい時期です。

時候

龍《りゅう》淵《ふち》に潜《ひそ》む

連想力100

なんと、これも季語なのです。龍は古代から中国の霊獣であり、そして皇帝のシンボルでした。降雨や旱《ひでり》など天候を司ることから畏れられ、その鳴き声は雷雲や嵐を呼び、竜巻となって天に昇るといわれます。口元に長い髯、喉の下に逆鱗《げきりん》、顎の下に宝珠を持つと想像されています。秋になると淵に潜み、春になると天に昇るという伝説から、このような季語が生まれました。ジブリの傑作アニメ『千と千尋の神隠し』の川の神様、白龍。千尋の親友です。私はこの季語を見るたび、春の天に昇り、秋の川の淵（水が溜まって深いところ）に潜む龍の姿に、あの〝ハク〟を想像します。「月はいま濡れたる龍の匂ひせり　夏井いつき」多分、私は龍の句を誰よりも詠んでいます。

■使用例

川の流れる宝塚に引っ越しました。龍が淵に潜んでいそうな秋を満喫しています。

芸大の裏山にある瓢箪池は、龍が淵に潜んでいそうな黒く透き通った水の色ですよ。

動物

蛇《へび》穴《あな》に入《い》る

視40 連40 聴20

龍の次は蛇の話です。蛇は春の彼岸に穴を出て、秋の彼岸に穴に入るといわれます。春穴をでたばかりの蛇は、夏に衣を脱いで、秋また穴に入って、冬眠をします。ですから、夏に主に活動する蛇は、夏の季語なのです。

蛇の衣（抜け殻）とか、蛇の穴なんて見たことありません（見たくもないし）、という人も多いでしょう。「ひとつの穴に数十匹の蛇が集まりとぐろを巻いて冬を越す」なんて光景、見たくないのはごもっともですが、蛇の抜け殻をじっくり観察すると素晴らしく面白い。尻尾から頭まで鱗もくっきりと、目玉から鼻の先まですっぽりと、綺麗に脱皮するのは見事なものです。しかも、蛇の衣（抜け殻）を少しいただいて、財布に入れておくと金運に恵まれるそうですよ。

秋の彼岸過ぎてもまだ穴に入らない蛇を「穴惑い」と呼びます。どの穴にしようか迷い過ぎて穴に入れない蛇や、のけものにされて穴に入れない蛇を、つい想像してしまいます。論語にある「不惑」（四十にして惑わず）なんて言葉の、反対のイメージも湧いてきます。つい連想力をたくましくするこんな季語も、私のお勧めでございます。

使用例

この秋の忙しさから逃れ、蛇の穴にでも入りたい私です。

穴惑いという蛇をご存知ですか。私はこの秋惑うのを止め、結婚という穴に入ります！

地理

初潮《はつしお》

視覚50
聴覚20
嗅覚10
連想力20

陰暦八月十五日の大潮です。葉月潮《はづきじお》、望《もち》の潮とも呼びます。潮の干満は月の満ち欠けに呼応しています。春の大潮は昼に高く、秋の大潮は夜に高いので、十五夜の月見はちょうど満潮になるのです。「初汐や御茶の水橋あたりまで」、「初汐の下を流るゝ角田川」子規さんの句を読むと、隅田川や神田川辺りでも、秋の初潮を眺めていた様子がよくわかります。神田川や浅草辺りへ鯔《ぼら》が上がるという話を聞きますから、あの辺まで汽水域（海の水と淡水が混じっている所）なのでしょう。浅草も昔は海だったのですね。

■使用例

伊東に隠居所を買って正解でした。名月に膨らむ葉月潮をぜひ見にいらっしゃい。

天文

富士《ふじ》の初雪《はつゆき》

視50 聴10
触20 連20

『万葉集』にも、今朝富士山の最後の一片の雪が消えたと思うと、その夜から次の雪が降りだす、と歌われておりますが、土地の人の感覚でも、それが実感だそうです。富士山の平年の初冠雪は、九月六日。地上はまだ残暑厳しい折だけに、一夜にして雪を冠った富士の姿がすがすがしく目に映るのです。「秋の雪北嶽《だけ》たかくなりにけり　飯田蛇笏」秋の雪は山に降る初雪。蛇笏は山梨県の俳人です。北岳は日本で二番目に高い山、火山以外では一番高い。それが雪を被ってさらに高くなったという句です。お隣に富士山もいます。

■使用例

初雪の富士五合目を歩き、富士薊《あざみ》の葉に触れ、富士の厳しさを体で感じました。

時候

冷《ひ》ややか

触50　嗅5
視5　連35
聴5

初秋には、「新涼」という季語があります。残暑を抜けてやっと吹く風の涼しさです。仲秋になり、涼しさが肌寒さに変わるのを「冷ややか」「ひやひや」などと呼びます。晩秋になりますと、「うそ寒」「朝寒」「夜寒」と変わり、冬が迫ってくる気配を感じます。五感を使って変化を感じ取り、季語をまめに使い分けることで、人とはちょっと違う季節の挨拶が発信できますよ。「家康の魂《たま》ひやゝかに杉木立　正岡子規」家康の魂を祀る東照宮は、日光を始めとして、全国にあります。冷ややかな杉木立に、古人の魂を感じています。

■使用例

朝、犬のかぼちゃんと公園を散歩していて、歯がひやひやしました。秋よさようなら。

生活

栗飯《くりめし》

味覚60
嗅覚30
触覚10

「季語を食べる！」なんて料理本を見るとつい買ってしまう私ですが、旬のものは素材のままが美味しいですね。栗ご飯なんて、その最たるものです。「酒肴一ぜんめしは栗のめし　椎花」旅の宿の夕餉《ゆうげ》はお銚子一本に、鰯と衣被《きぬかつぎ》（又は鰰《はたはた》の干物と銀杏）、一膳飯（盛り切りでお代わりのない飯）は栗飯だ、という句。なんとも美味しそう。

もう一句。「栗飯や人の吉凶入りみだれ　日野草城」句会か、同窓会か、法事か、はたまた何かの宴会でしょうか。人間模様の集う、栗飯のある風景です。

■使用例

フェイスブック活用法。「今日は栗飯」なんてポストすると、娘や嫁がやって来ます。

植物

金木犀《きんもくせい》

嗅覚60
視覚20
触覚10
聴覚10

「木犀の香にあけたての障子かな　高浜虚子」
朝、障子を開けると、お早うございますと、木犀の香が挨拶してくれます。

そう、夏に咲く白い梔子《くちなし》の花と並んで、木犀は、香りのよい木の花の代表です。オレンジの花をつける金木犀は、白い花の銀木犀よりさらに遠くまで香りを放ちますので、この句のように、少し離れて鑑賞することが多いと思います。また木犀といえば、当然、香りのことを言いたくなるのが人情ですが、近寄って観察してみると、また違った面白さもあるのです。

実はこの木は、樹皮の色や紋様が動物の犀《さい》の皮に似ていることから、木犀という名がついたといわれます。樹皮に触れると、（犀を撫《な》ぜたことはまだないですが）犀を撫ぜている気分になります。私は、あまりかぶれたことはありませんが、木犀には毛虫がいることもありますので、触れてみたい方はよくよくご注意下さいね。「金木犀の香る候となりました」と紋切り型の挨拶ばかりでは、木犀が可哀想。今年の秋は五感のアンテナを立てて心を柔らかく開いて、金木犀とあなたの出会いのストーリーを語ってみましょう。

使用例

金木犀の家から、チェロで弾くバッハが聞こえて来ました。音と香りのハーモニーです。

かくれんぼの孫が金木犀に隠れています。足が見えているのですがどうしましょう。

動物

小鳥《ことり》

視覚 60
聴覚 30
連想力 10

季語の「小鳥」とは、鶸《ひわ》、鶫《つぐみ》、連雀《れんじゃく》、尉鶲《じょうびたき》など、秋に日本に渡ってくる小鳥の総称で、どこにでもいる小さな鳥のことではないのです。中型から大型の渡り鳥は、「初鴨」「雁渡《かりわた》る」「鶴来《つるきた》る」というまた別の季語があります。

「小鳥」の季語を使うポイントは、籠で飼う小鳥とは違う、林や公園の芝や庭先に群れで来る小鳥の姿をはっきりと詠むことです。俳句でも手紙でも同じこと。「大空に又わき出でし小鳥かな　高浜虚子」秋の大空を見ていると、まず黒い粒々が見え、それからわっと湧き出るように小鳥の群が見えた、

という句です。「わき出でし」という言葉で、ズームアップのように小鳥の群れが見えてきますね。何よりうまいのは、「又」という一言です。秋の空は、次々渡り鳥が現れては、又旋回して戻ったり、又別の群れが来たりと大賑わいです。たった一文字で、ああ又小鳥だ、又来た、という嬉しい気持ちが伝わります。俳句は短いため、てにをはの一字で、がらりと変わりますし、漢字一字の使い方で、大きな効果が生まれるのです。名句に習い、鮮やかに景色が浮かんで読む人をはっとさせる通信文を目指しましょう。

使用例

駅舎の巣から燕が帰ってしまったと思えば、今日は電車の窓一杯に小鳥が現れました。

授業中の校庭に小鳥が降りて来ています。休み時間になると一斉に逃げ出します。

晩秋

十月八日頃の寒露から、十一月八日頃の立冬の前日までが晩秋。朝晩が冷え込むようになり、生活や心も冬への準備を始めます。

行事

重陽《ちょうよう》

視覚 30
味覚 20
連想力 50

元々は中国の宮中で、陰暦九月九日、（陽数の）九を二つ重ねる日を重陽の節句として、「菊の酒」などを振る舞って祝ったそうです。農家では秋の刈り入れ期に当たるので、九月の九のつく日を「三九日」と呼び、みくにち茄子などを食べて祝います。九州の秋祭「くんち」や「おくんち」の名は、ここから来ていると思われます。

■使用例

子育てを終えてから、節句に縁のない夫婦でしたが、今は菊を育て重陽をお祝いします。

動物

雁《かり》

視覚 50
聴覚 30
連想力 20

秋の夕空に矢印みたいに渡る雁の列を見たことがあるでしょう。首を真下に落ちてくる姿を「落《らく》雁《がん》」といいます。お菓子の落雁はここからついたという説がありますが、私は中国語の軟落甘の軟の字が抜けた説に賛成します。また、私の好きなお酒のつまみのがんもどきは、雁（肉）もどき、という説があるそうです。

■使用例

東名高速の渋滞の列の中で、遥か前方を雁の列が悠々と渡ってゆくのを見ました。

動物

秋刀魚《さんま》

味覚70
嗅覚20
触覚10

魚の名前が時々わからないことはありますが、秋刀魚を知らない人はいないでしょう。皿の上に長々と焼きたての秋刀魚を乗せ、すだちをきゅっと搾って、大根おろしを添えて食べると、言葉にならない幸福感ですね。魚屋の近所に居ついている野良猫が、三十センチの秋刀魚をくわえて半分以上ひきずって、意気揚々と帰るのを見たことがあります。秋刀魚も鰯や鰊《にしん》と同じ回遊魚です。水族館で回遊魚の水槽を見て、うまそう、と思うのは日本人だけでしょうか。鰊《にしん》好きのオランダ人もきっとそう思うでしょう。

■使用例

焼く前に塩を振ろうとして、一粒残った鱗を発見。秋刀魚って鱗あるんですね。

時候

朝寒《あささむ》

触覚60
視覚10
聴覚10
連想力20

「晩秋の候、朝晩の寒さが身に沁みます」この中に季語が幾つあるかわかりますか。晩秋、朝寒、夜寒、身に沁む、の四つです。俳句ではできるだけ季重なりを避けます。イメージがぶれるからです。晩秋を想像して、次に朝の寒さ、晩の寒さ、身に沁みる様子、全部想像して読んでくれることはまずありません。ああ、秋になって寒くなった、でお終いです。例えば、朝寒なら朝寒の場面だけきちんと描写した方が、秋の朝の肌寒さがいきいきと伝わってきて、季節にふさわしい心のこもった挨拶となるでしょう。

■使用例

朝、ゴミ袋提げて出勤する主人の背広姿が寒そうに見えます。冬物をもう出さないとね。

植物

紅葉《もみじ》

視覚 60
聴覚 10
触覚 10
連想力 20

花は里より咲き初め、紅葉は山より染め初むる、といわれます。晩秋の寒さや霜が山の高い方から順に麓へ麓へと、木の葉を赤や黄色に染めてゆくのです。それゆえ、秋の山は織物のように美しい模様となるのですね。いえ、逆でした。古今東西の織物が、秋の山の織りなす諧調を真似てデザインされているのでした。紅葉といえば、まず楓紅葉が知られています。楓に次いで美しい名の木（紅葉で有名な木）は、漆《うるし》紅葉、櫨《はぜ》紅葉、銀杏黄葉、白膠《ぬるで》紅葉、柏黄葉、柿紅葉、梅紅葉、合歓《ねむ》紅葉、満天星《どうだん》紅葉、葡萄紅葉、白樺黄葉、などなど。

その他もろもろの木は雑木紅葉と呼びます。「色葉、照葉」という言葉も綺麗です。また、「紅葉の帳」、「紅葉の淵」、「紅葉の笠」などの風景は、華麗な絵模様にデザインされ、着物や帯、扇子、屏風などに描かれていますね。

昔の私の借家の庭に、一本の小さな桜がありました。花が咲き、葉桜になり、どの木より早く「初紅葉」した小さな黄色ともっと小さな赤い色を見つけた朝のうれしかったこと。これも小さな「紅葉狩」です。「赤ん坊ひょいとかかへて紅葉山　夏井いつき」

■使用例

八坂神社の近くの料理屋さん。庭の紅葉が灯に映え、昼より鮮やかに燃えていました。

六角堂の辺り一面、色暖かな紅葉のクッションです。ふわりと娘が座りました。

生活

冬支度《ふゆじたく》

視覚 50
触覚 20
連想力 30

来る冬に向かっての「冬支度」は、各地方によっても、各家庭によっても、こまごま、さまざまに違いがあることでしょう。

わが町松山では、「松手入れ」はありますが、防雪作業はほとんど見かけません。妹夫婦の住む豪雪地帯の山梨では、樹木の雪折れを防ぐ為この時期一斉に、庭木の「雪吊り」、草花の「雪囲い」、垣根の「藪巻」などが始まるそうです。春に雪が解けるとまた一斉に、富士山を目の前に、「屋根替え」(瓦の修理)が行われるそうです。

マンション住まいの我が家でも一応、ベランダの植木や目高の鉢にちょっと覆いをしたり、北窓に厚いカーテンをかけたり、そうそう「火鉢」を出すのも楽しい我が家の冬支度です。

「そこにまだありをととひの鵙《もず》の贄《にえ》　夏井いつき」これもまた冬支度といえるでしょう。鵙は、昆虫や、蛙、蛇、鼠などを捕らえ、尖った枝や有刺鉄線などに刺し、保存として蓄えます。駅まで歩く道沿いに空を見ていて、たまにこれを見つけると、おおやっとるな、と興味津々で眺めてしまいます。魚や蟹も見た事があります。蛙の足を見るとちょっと可哀そうになります。

■使用例

扇風機をやっとしまって、ストーブをやっと出して、我が家の冬支度はこの程度です。

冬支度やるよ、と娘達に呼びかけたら、長女はサンタの靴下吊るし、次女は冬眠しました。

生活

干柿《ほしがき》

味覚70
視覚15
嗅覚15

干柿を作るのも冬支度です。渋柿の皮を剥いて、樽に入れ、渋を抜き、軒に吊るして干柿にすると、冬の間中、甘くて優しくてお日様の匂いのする美味しい干柿が楽しめます。吊るし柿以外にも串にさす「串柿」、縁側にころころ転がして干す「ころ柿」などがあります。よく熟した熟柿は、柿膾《なます》、柿羊羹にして食べます。「柿食えば鐘が鳴るなり法隆寺　正岡子規」柿もまた子規さんの好物でした。「甘干にしたし浮世の人心　正岡子規」柿のように甘く干してやりたいほど、渋い心の人がいたのでしょうかね。

■使用例

干柿は祖母ちゃんのおっぱいみたい、と言っていた孫も、今年父親になりました。

動物

猪《いのしし》

視覚50
味覚30
連想力20

猪肉は、縄文時代からある食材なのだそうです。そういわれると、縄文の野や丘を牙をむいて走り回る猪の姿が浮かんできます。それを獲って食べた縄文人もすごいですね。

猪料理といえば、「牡丹鍋」（薄切りの猪肉を牡丹の花びらのように皿に盛りつける鍋料理）が有名。「猪鍋」や「猪狩」は冬の季語になり、「猪」は晩秋の季語となります。猪は昼寝て、夜になると小動物や木の実や田畑の作物を喰い荒らします。「怒り猪」なんて季語を読むと、ジブリの映画『もののけ姫』の猪神様を思い出してしまいます。

■使用例

ハイキングして猪の水場や猪道を見つけると、狩人になったように興奮します。

生活

新《しん》蕎《そ》麦《ば》

味覚60
視覚20
嗅覚20

蕎麦は普通、年に二回収穫します。晩秋の頃、夏蒔いた秋蕎麦のまだ熟さないやや青みを帯びた蕎麦粉で打つ、走り蕎麦・新蕎麦は、大人気の初物です。何度も申しますように、やはり「新」や「初」のつく季語は、待ちわびる心のゆえに一層味わい深くなりますね。

「江戸店や初蕎麦がきに袴客　小林一茶」蕎麦切りとは細く切った蕎麦のこと。蕎麦切りが出る前は、蕎麦掻《がき》という蕎麦の団子汁が主流でした。袴を穿いて威張っている人が蕎麦掻を待っている顔つきが浮かんでくる一句です。

■使用例

新蕎麦の緑がかった匂いとほのかな甘味と、走り蕎麦という響きも好きです。

column
いろいろ使ってみよう

米、豆腐、酒……新・初・走は見逃すな！

収穫の時でありますす晩秋は、「新」の字のつく走り物がいっぱい。新米、新豆腐、新酒と、並べて書いているだけでお腹も喉も鳴りそうになります。酒屋の軒先に吊るされている杉玉を、旅先の町並みなどでご覧になる方も多いでしょう。最初は青々としていた杉の葉が、だんだん茶色になり、お酒の熟成を知らせてくれるのです。

新　米：炊きたての新米のおむすびより
旨い物はこの世になし。

新　酒：新酒、新米、新蕎麦と三つそろえて
お待ちしています。

新豆腐：新豆腐を火にかけて耳を澄ます、
この一瞬が最高です。

お礼の手紙

お礼をする時の鉄則は、早くお礼を伝えるということです。相手は「気に入って、もらえるかな」と気をもんだり、「どんな風に喜んでくれるかな」とわくわくしているものです。それなのに何の音沙汰もないと、届いていないのかと心配になりますし、届いていることがわかればその程度かとがっかりします。

一般的に何かを送っていただいたら、すぐに電話をすることでしょう。それでお礼を伝えたことにはなるのですが、このタイミングでは実際に使ってみてどうだったか、食べたり飲んだりしてみてどうだったかを伝えることができません。ですからぜひ手紙も送ってください。

それもよくある表現ではどんなにうれしかったかということがうまく伝わりません。「セーター暖かかったです」「とても甘いリンゴでした」。ね、そんなにうれしそ

Thank You

うに感じないでしょう。

食べ物や飲み物だったらどんなシチュエーションでいただいたのか、どんなものと一緒にいただいたのか、誰と一緒にいただいたのか、その人達はどんな感想を持ったのかといったことを書いていくと、その情景がありありと目に浮かび、送ってよかったなと思えるものです。そんな風に情景をスケッチしていくと、自然と季節感も出てくるでしょう。

お金や商品券を送っていただいた場合も同じです。何を買ったのか、それはどうなのか。もし貯金をする場合でも、お金が貯まったらどうするつもりなのか。

お食事をごちそうしていただいた、自分がやるべきことを変わってやっていただいたなど、ものをいただく以外にもお礼状を書く機会はありますが、基本的には同じです。なるべく早くお礼状を出すこと、そしてそれに対して具体的な感想を添えること。ごちそうになった食事がとても美味しかったので、何とか再現できないかチャレンジしているなど、どんなにうれしかったかということを伝えてください。

姉妹書簡

夏井いつき・ローゼン千津

再婚してから10年という節目の年の夫の誕生日に、妹と義弟ニックがワインを贈ってくれました。私達姉妹は互いにプレゼントを贈り合うのが大好きです。

いつき >>> 千津

兼光さんの誕生日のワイン、いただきました。再婚10年目の夫の誕生日を祝うに相応しい芳醇なワイン。秋の夜長を贅沢に過ごしました。こちらは皆元気です。ニックが決めたニックネームの通り、鯛ちゃんのことはタイソン、りー君のことはリッチーと呼んでます。今度ニックに会う時、タイソン君泣かないで欲しいな（笑）。来月から、佐世保、出雲、伊豆大島、笛吹、仙台と句会ライブツアー。マネージャーという名の夫と二人、爽やかな日本列島の秋を味わってきます。

ポイント

秋の手紙はしみじみと懐かしいトーンで書いていきましょう。贈り物をいただいたら、すぐに返事を書くことが大切ですが、間をおかずに実際に飲食したり使ってみる予定があるなら、このように実際に味わった感想やどのようにいただいたのかというシチュエーションなどを伝えると感謝の気持ちがより強く伝わります。

千津 >>> いつき

ワイン美味しくてよかった！　さてニックは十五歳の時共演した同じ指揮者、同じ交響楽団と同じベートーベン三重協奏曲を、五十年ぶりに同じ会場で演奏してきました。楽しい同窓会でした。恩師ピアティゴルスキー先生の邸宅が半分取り壊されていましたが、楓紅葉が色づき、樅の木は残っていました。旧友と乾杯、五十年後（!?）の再会を約して帰国しました。さてさて、鯛ちゃんはお兄ちゃんらしくなりましたか。桃と巨峰を持って、リー君のお顔を見に帰りますね。

ポイント

味覚の秋なので「桃や葡萄が美味しい季節になりましたね」といったことを書きたくなりますが、ストレートに書くのはNG。もちろん果物などの味覚に触れるのがNGなわけではありません。実際に味わい、そして自分らしく表現することが大切です。同じく紅葉も木の葉も「赤や黄色に色づいてきました」というような通り一遍の表現は避けてくださいね。

まとめ

お礼状の基本はとにかく早く出すこと。その上で相手にしていただいたことに対して嬉しかったという気持ちをより具体的に伝えてください。

第四章

冬の美しき日本語

冬の表現とは

自然も眠り、町から彩りが消える冬。静かで心休まる引き算の表現を。

来る春のため、冬の山は眠って一休み。冬の手紙は、静かな安息の中にある希望を表現しましょう。

春の芽吹き、夏は茂り、秋に収穫、と足し算をしてきて、冬は引き算が始まる時です。こんなに劇的な、引き算の句があります。「鶏頭切れば卒然として冬近し　島村元」庭もだんだん寂しくなり、菊がわずかに残っているけれど、枯れかけて色も薄い。そこへ鶏頭の赤い花を切ったら何もなくなった、いよいよ冬だ、という句です。

「山全体が落葉すると、富士山がぬっと大きな顔を出します」と、富士山麓に住む妹夫婦は言います。自然界は引き算でも、動物の毛皮や人間の衣服は嵩を増してまいりますね。「着ぶくれ」「マスク」して忙しげに商店街や交差点を行き交う人々を見ていると、みんな頑張って生きているなという感慨もあります。

そうそう、わたくしの家では「火鉢」を出して冬支度をします。「熱燗」をつけたり、「目刺」や「お餅」を焼いたりと、チープに大活躍。狸に化かされて「落葉」のお札をもらうという冬の昔話がありますが、師走のやりくりは引き算にならぬようご用心下さい。

通りに「枯れ木」しかなくなった頃、卒然と「雪」が降り出し、世界はまた一杯になります。これもまた冬ならではの、静かに劇的なシーンです。

三冬

十一月八日頃の立冬から、二月四日頃の立春の前日までが冬。厳しく寂しい季節だからこそ暖かさの表現も際立つ時期です。

植物

枯葉《かれは》

視覚 40
聴覚 20
触覚 20
嗅覚 10
連想力 10

木や草花は、鳥や獣のように動きません。それだけに一年間に変化してゆく姿を見守るのは楽しいものです。好きな木を定点観測するのもお勧め。夏に散る「竹落葉」や、春新葉が出てから散る「柏落葉」などもありますが、主な木は冬に木の葉を落とし始めます。枯れてなお頑固に、また淋しげに木に残る「枯葉」、庭や街頭や山道に散り積もる「落葉」、樹木が葉を失う様子もまた刻々と季語になっています。さーっと雨のように降り注ぐのを「木の葉時雨」、ゆっくり一葉ずつ散るのを「一葉散る」と呼びます。「桐一葉日当たりながら落ちにけり　高浜虚子」「柿落葉」「朴落葉」などは、葉の大きさや形、色合いや手触りに独特な存在感があり見飽きません。「ポケットに入らぬものに朴落葉　夏井いつき」

■使用例

窓から見える枯木がなかなか散りません。枯葉が全部なくなったら決心します。

実家の庭の枯葉を集め、落葉焚きをしました。もちろん薩摩芋を買って行きました。

生活

蒲団《ふとん》

触覚 60
視覚 20
嗅覚 10
連想力 10

今、我が家にある蒲団といえば、「敷蒲団、掛蒲団、綿蒲団、羽根蒲団」くらいでしょうか。昔はもっと寒かったので、色々と蒲団の種類がありました。

ちゃんちゃんこに似た「背蒲団」。女性の腰の冷えを防ぐ「腰蒲団」。肩を冷えから守る「肩蒲団」。幼な友達のお祖母さんが、昼でも肩に掛けていた「掻巻《かいまき》」（小型の肩蒲団）を覚えています。浮世絵の女が「夜着」（袖や襟のついた蒲団）を被って煙管をふかし本を読む姿絵を見たことがありますか。夜着を着たまま暮らしたい人の「褞袍《どてら》」。古くは、「褥《しとね》」（畳を芯にして布の縁をつけた敷物）を敷き、上から掛ける「衾《ふすま》」で寝ていました。

冬の晴れた日に「蒲団干す」のも、日本の冬ならではの風物詩ですね。

「小蒲団や猫にもたるる足の裏　小林一茶」蒲団が小さいので、足は猫で暖を取っているという句です。一茶さんは、蝶や雀や蛙などの小さな生き物と、自分と、全く対等の目線で俳句を詠みましたから、その句を読む私たちの目線も自然に低く親しくなります。

「蟀《こおろぎ》のわやわや這入る衾かな　小林一茶」

■使用例

佐渡の民宿で、蒲団と蒲団の間に炬燵を置いて貰いました。両側から足を入れるのです。

重い冷たい綿の蒲団がだんだん温まってくる頃、遠く雷が鳴って雪が降り出しました。

天文

北風《きたかぜ》

触覚 40
聴覚 30
視覚 10
嗅覚 10
連想力 10

「ハルビンにて　北風や石を敷きたるロシア町　高浜虚子」。中国北部のハルビンも、江戸（東京）や上州（群馬）と同じく山脈に囲まれた平野の街、「空っ風」（山から吹き下ろす北風）の強い街なのです。この句の舞台はそのハルビンの石造りのロシア町。主役は石畳の道に硬く吹きつける北風。短くても的確で細やかな描写が、鮮やかに場面を伝えてくれます。「北風の厳しい季節となりました。如何お過ごしですか」で満足せず、物語をお話しして聞かせるように、身近な場面をあなた自身の言葉で写生してみましょう。

■使用例

北風と太陽のお話をしてあげてから、孫と二人、北風の街を頑張って歩きました。

時候

三寒四温《さんかんしおん》

触覚 50
視覚 20
連想力 30

三日寒い日が続いたら、四日暖かい日が来る、それを繰り返して徐々に春になる、という意味です。元々は大陸の北部などの北国の表現なので、日本ではこの通りに春が来る感覚がはっきりあるとは言いきれませんが、なにしろ面白い季語なので使いこなしたいのが俳人根性です。「三寒の窓より落つる壺のもの　横井迦南」このように、三寒と四温をそれぞれ分けて使うこともできます。三寒の本日、窓から壺が落ちてきました。皆様も御身お大切に、なんて時候の挨拶もたまには面白いんじゃないでしょうか。

■使用例

四温の町へ、母を車椅子に乗せて娘が連れ出してくれました。私は孫の子守です。

生活

湯気立《ゆげたて》

視覚40
聴覚20
触覚20
嗅覚10
連想力10

加湿器の事です。昔は火鉢の上やストーブの上に蓋をずらした鉄瓶や薬缶や、お湯を張った金《かな》盥《だらい》などを置いて湯気を立て、空気の乾燥による喉の痛みや風邪を防ぎました。子ども達が小さい頃、我が家でもよく湯気を立てた器の上に顔を出しバスタオルを頭から被る簡易「吸入器」をやりました。寒い外から帰った人の眼鏡を温かく曇らせる湯気や、鍋物や汁物の蓋を取った時にわっと立つ湯気は、加湿を目的とした「湯気立」とはニュアンスが違うので季語にはなりませんが、暖かい湯気は冬ならではの喜びです。

■使用例

眠る赤ん坊のそばで湯気が微かな音を立てて舞うのを見ると、心が安らぎます。

生活

闇汁《やみじる》

味覚20
視覚10
聴覚10
嗅覚10
触覚10
連想力40

冬の「鍋」系の季語の中でも珍しいのはこれ。闇汁とは、参加者が勝手な物を持ち寄り、お鍋に仕立てて、何かわからぬ物を箸ではさんで暗闇で食べるという座興です。俳人は何であろうが味わい、俳句に詠み、句会をして遊びます。好奇心とチャレンジ精神の塊といえば格好いいですが、要するに物好きですね。私も何度か参加して食べたことがあります。部屋の内も暗いですが、鍋の中はもっと底知れぬ暗さがあるような気が致しました。何を食べたかって？　それは内緒です。あなたもやってみてはいかが？

■使用例

今年の忘年会は、岸本部長宅で闇汁に決定しました。一人一品内緒にお持ち寄り下さい。

時候

短日《たんじつ》

視覚40
触覚10
聴覚10
嗅覚10
連想力30

春は「日永《ひなが》」、秋は「夜長《よなが》」、夏は「短夜《みじかよ》」、そして冬は「短日《たんじつ》」。日の長さ、短さか、国や地方によっても異なります。

東京の冬至の日の出から日の入りまでは九時間四十五分。アイスランドの首都レイキャビクでは、十一時半から三時半までの四時間です。これほど昼夜の時間が違えば生活そのものも変わってきます。

「せはしなく暮れ行く老の短き日　高浜虚子」

また気持ちの上でも、年を取れば短日がなおさら短く感じるということも、やはりあるのかもしれませんね。

短日は、冬の日ざしを楽しみ、その短さを惜しむ心のこもった季語なのです。

以前、妹夫婦が冬至頃のハルビンに滞在した時の話。「日差しはあるんだけどマイナス20度の気温で、友人の家のすぐ近所の親戚を訪ねるのに、エスキモーほど着膨れて皆で全速力で走って行かなくちゃいけないの。夜はうっかり長居すると帰れなくなるんだよ」

これは極端な話ですが、あなたの住む土地の、あなたらしい生活感にあふれる短日のエピソードを書いてみませんか。

■使用例

起きて眼鏡をかけて、置いて、またかけたらもう日暮れ。短日を実感するこの頃です。

短日だなあと主人。そりゃそうですよ。四時に夕飯を終え、六時に眠くなるんですから。

動物

水鳥《みずどり》

視覚50
聴覚30
触覚10
嗅覚5
味覚5

冬の水辺にいる鴨、雁、鳰（にお・かいつぶり）、鴛鴦《おしどり》、白鳥、鴎《かもめ》などの総称です。

彼らは波に浮かびながら寝るので、「浮《うき》寝《ね》鳥《どり》」ともいいます。

古くは、「水鳥の」という枕詞は、水に漂う暮らしを不安なものとして歌う時に使われましたが、鎌倉時代の新古今和歌集の前後から、だんだん色や動きのない冬ざれた景色のなかに、生き生きと動く明るい存在として、水鳥が詠まれるようになってきたそうです。

「水鳥を吹きあつめたり山おろし　与謝蕪村」

山おろしは、山から吹いてくる北風のこと。そびえたつ山に囲まれている湖や川の岸辺に、山おろしに吹き集められた水鳥がたくさん浮かんでいます。自分も同じ風に吹かれ、冬ざれた岸辺に佇んでいると、彼らの仲間の一羽になったようにも思えてきます。その中の一羽が特に気になったり、いつまでも見つめていたくなったりします。

水鳥自身は羽毛が浮き輪代わり、体脂肪も多いのでそう寒くもなく、ぷかぷか水に浮いています。自分も仲間になったつもりで眺めていると、水鳥の気持ちが少しわかることがあります。

■使用例

王子様が魔法にかけられて水鳥になったら、この青首鴨になるのかも、と思いました。

鴛鴦の夫婦は本当にいつも一緒ですね。波に浮かんで寝る時も、波を越えて行く時も。

初冬

十一月八日頃の立冬から、十二月七日頃の大雪の前日までが初冬。北の地方ではちらほらと雪も舞い始め、冬が始まっていきます。

行事

七五三《しちごさん》

視覚 50
味覚 20
聴覚 10
連想力 20

十一月十五日に、数え年三歳の男女、五歳の男子、七歳の女子を祝います。女子は振袖、男の子は袴を穿き、氏神に詣で成長守護を祈ることにより、晴れて氏子の一員として氏神や社会に認められ守られるという風習です。当日神社の境内には、長寿にちなんだ鶴亀や翁媼《おうおう》などの絵のついた長袋入りの千歳飴《ちとせあめ》が売られます。

■使用例

昔の千歳飴は砂糖味と覚えていますが、息子の三歳の時は苺ミルクや抹茶味もありました。

時候

初冬《はつふゆ》

視覚 40
聴覚 10
嗅覚 10
触覚 10
味覚 10
連想力 20

初冬とか立冬というと、きっぱりと寒い冬が来たというイメージがありますね。はつふゆ、と言いかえるとどうでしょう。また別の感じ、冬の静かな始まりを思わせます。初夏（しょか・はつなつ）、初春（しょしゅん・はつはる）なども。それぞれの言葉の違いを、五感で、心で感じたら、気分に合わせて使い分けてみましょう。

■使用例

お義父様へ。初冬のご挨拶にカシミヤスカーフをお送りします。暖かい駱駝色です。

植物

蜜柑《みかん》

味覚50 視覚20 嗅覚20 触覚10

私の故郷愛媛でも、全国どこでも、いまや蜜柑は一年中あらゆる品種が味わえます。蜜柑好きの人にはなんという幸福でしょう。が、それはそれとして、やはり蜜柑は冬の季語、冬の味覚の代表です。

炬燵《こたつ》に入って蜜柑を食べた思い出は日本人に共通の郷愁でありましょう。お正月に蜜柑を食べながら双六《すごろく》や歌留多をした思い出、運動会や秋祭に青蜜柑を食べた酸っぱい思い出も同じ。旬の季節の中で香る蜜柑の匂いや味の思い出を、私達の子や孫達とも共有したいと思います。

■使用例

祖母の手はいつも黄色くて蜜柑の匂いがします、と孫が作文に書いてくれたそうです。

行事

酉《とり》の市《いち》

視50 嗅10 聴10 味10 触10 連10

十一月の酉の日に全国の鷲（大鳥）神社で行われる祭礼です。「おとりさま」という愛称で親しまれています。東京浅草の鷲神社が江戸時代から有名で、元は武運の神様でしたが、近所に遊郭の吉原ができてから茶屋、料理屋、芝居の役者などが縁起を担いで参ったそうで、以来、商売繁盛の神様という評判が高くなりました。参道には福を掻き寄せる熊手など縁起物を売る市が立ち並びます。関西では商売繁盛の神様としては、「商売繁盛、笹もって来い」で知られる〝えべっさん〟（戎神社一月祭礼）が有名です。

■使用例

お酉さまに夫婦で参ること二十五年目。今年はなでおかめを撫ぜられず残念です。

天文

凩《こがらし》

聴覚 40
触覚 20
視覚 20
嗅覚 10
連想力 10

凧《たこ》という字に似ていますが、〝つくえ〟（かぜかんむり）の中が木になります。「木枯らし」と書くと意味は分かりやすいですね。この字を見ていると、木の葉を吹き散らす風の音が聞こえてきそうです。昔から、凩が秋の季語か冬の季語かが議論されてきたそうですが、そんな議論に夢中になれる時代ってなんて優雅で平和なのでしょう。昔の戦争を悔やみ、次の戦争を防ぎたいと世界中が願っても、さまざまな国のさまざまな主張はすれ違うことばかり。心にも凩が吹いてきそうです。大げさかもしれませんが、季語を大切にする生き方を世界規模で広げてゆけば、百年後の地球を守ることにきっとつながると私は信じております。

「木がらしや目刺にのこる海のいろ　芥川龍之介」木がらしや、と一呼吸置いて読むと、凩の吹きすさぶ冬ざれた風景が浮かびます。住む町が違えば人それぞれ浮かぶ景色は違うでしょうが、ともかく色のない冬景色です。その景色の中だからこそ、ぽつんと置かれた目刺の目に残る海の色が、一層青く際立って見えてくるのだと思います。

「空中分解して凩の尾っぽかな　夏井いつき」

■使用例

窓から見える冬木立に凩が吹いています。がんばれ凩。がんばれ枯葉。どっちも負けるな。

凩に吹かれてころがる落葉と一緒に横断歩道を渡ります。ステッキのように傘を抱えて。

植物

山茶花《さざんか》

視覚50
嗅覚10
触覚10
聴覚10
連想力20

〝山茶花、山茶花、咲いた道〟は、唱歌「たき火」の二番の冒頭の歌詞です。そして、二番の最後は、〝霜焼け　お手てが　もう痒い〟で締めくくられます。日本の童謡は元気が出ます。そして慰められます。季語が入っているから景色が見えてくるのです。かつての童謡の歌詞は、味わい深いものが多いですね。子や孫達と一緒にずっと歌い継いでいきたいものです。春、夏、秋の花が咲いていては散り、刻々と色を失くしていく冬景色の中、派手ではありませんが、ほのぼのと白く、また紅く咲いて、心を慰めてくれる山茶花。

「山茶花のこゝを書斎と定めたり　正岡子規」

司馬遼太郎の小説『坂の上の雲』に描かれる俳人正岡子規はその短い生涯を闘病しつつ俳句や短歌、日本語や日本文学の研究に打ち込みました。今に俳句の伝統が続いているのは、彼の努力の賜物です。これは山茶花の見える書斎を喜んで詠んだ句。「桔梗活けてしばらく仮の書斎哉　正岡子規」は、夏目漱石が英語教師をしていた松山の下宿に居候し、一番いい部屋を貰って詠んだ句。子規と漱石、二人の出会いが明治の日本文学を元気にしました。

■使用例

冬の花はどれも優しくて慰められます。山茶花、八手、柊、寒木瓜、そして茶の花。

富士山麓の絹織物で栄えた古い家並みに、今、山茶花が懐かしく咲いています。

植物

万両《まんりょう》

視覚60　触覚20　聴覚10　連想力10

冬の赤い実は、元気な色ですね。葉の上に実が現れて赤くなるのが千両、葉の陰に赤々と垂れ下がるのが万両、と私は覚えています。庭にこの実が生ると、自然とおめでたい気持ちが湧いてきます。元気でおめでたい色が、冬には特に欲しくなるのですね。「万両は兎の眼もち赤きかな　加賀千代女」雪兎をつくるとき、眼は万両の実を用いますね。千代女さんは咲いている万両を見ながら、すでに雪兎を見ているようです。玄関や窓辺に赤い葉のポインセチアを飾ると、冬を迎える気持ちがことのほか華やぎます。

■使用例

万両の実は赤いちゃんちゃんこの色。夫が還暦だなんてホント信じられません。

時候

小春日和《こはるびより》

視30　嗅10　触30　連20　聴10

初冬の頃、春が蘇ったような日和が続くことがあります。なんて優しい言葉なのでしょう。春よりも小さな春だから小春。季語とは、季節への感謝と祝福を込めて選ばれ、季節の過ごし方を子や孫に伝えながら磨かれてきた言葉なのです。「田植布衣《ぬのこ》に麦蒔はだか」田植えの五月は服を着るほど寒い日があり、麦蒔の十月は裸でいられるほど暖かい日があるという意味です。「小春日の心遊びて部屋にあり　高浜虚子」春は心より先に身が遊びに出て行ってしまいますが、小春日は部屋の中で心が遊んでいます、という句です。

■使用例

小春日和の続くこの頃、初めての海を見せに孫とドライブしました。

天文
時雨《しぐれ》

聴覚 40
視覚 30
嗅覚 10
触覚 10
連想力 10

初冬の頃の通り雨のこと。通り「すぎる」から「しぐれ」になったという説があります。一時的に降る雨ですから、時雨という漢字もぴったり。英語では時雨はShowerかDrizzleという単語になります。シャワーは夕立や通り雨のようにさっと降って通り過ぎると言う意味、ドリズルは、霧のように細かな小糠雨《こぬかあめ》という意味です。どちらも天気予報に出てくる言葉ですが、「夕方から時雨れるでしょう」という時の、日本語の予報士の風情には敵いませんね。日本人が季節に親しむ民族といわれる所以《ゆえん》は、季語の豊かさにあると思います。

■使用例

初時雨の中をドライブして帰りました。初時雨という美しい言葉を楽しみつつ。

動物
綿虫《わたむし》

視覚 50
嗅覚 10
触覚 10
連想力 30

見たことのない方は、検索する前に想像してみましょう。綿のような虫。白く薄く小さくふわふわ飛ぶ虫。もうひとつヒントは、別名「雪虫」です。これで、雪のように空を舞う虫が見えましたね。体長二ミリほど、お尻に白い綿状の分泌物を持ち、青白く光りながらゆるやかに飛び回ります。北国、特に北海道では、綿虫が来ると初雪が降るといわれているそうです。メルヘンチックなイメージを壊したくはないのですが、葉っぱにつくアブラムシ（アリマキ）の仲間です。「雪ばんば」という呼び名もあるそうです。

■使用例

太宰治が富嶽百景を書いた御坂峠の茶屋の前で、突然、綿虫に囲まれました。

仲冬

十二月七日頃の大雪から一月五日頃の小寒の前日までが仲冬。大雪と小寒の間には冬至もあり、まさに冬の真ん中という時期です。

時候

大年《おおとし》

視覚 40
味覚 20
聴覚 10
嗅覚 10
連想力 20

「大晦日《おおみそか》」のことです。晦日(みそか)と書いて「つごもり」、大晦日は「おおつごもり」、これらの言葉は、古典の時間に聞き覚えがあると思います。明治時代に樋口一葉が『大つごもり』という短篇を書きました。大年に借金が払えなくて困っている伯父さんに、奉公先でお金を借りるよう拝まれ、奉公先で揉め事が起き借金を頼めず絶望的になり、遂に店のお金を盗んでしまう十八歳の娘の話です。『レ・ミゼラブル』とともに、貧しさに負けぬ強い生き方を考えさせられる小説です。「大年」は行く年の豊作に感謝し、来る年の豊作を祈る時。家族や友と笑って年を送り、年を迎えたいものです。おせちお餅もお酒もあります。年越し蕎麦が茹で上ります。

■使用例

・大年の恒例の家族記念撮影です。増える顔あり、減る顔あり。ビバ人生。

・俳句にもありますが、大年の富士見て暮らす、半分隠居の我々です。

行事

柚《ゆ》子《ず》湯《ゆ》

嗅覚40
視覚30
触覚10
味覚10
連想力10

万病を予防するため、冬至に南瓜《かぼちゃ》、蒟蒻《こんにゃく》、餅などを食べ、疫鬼を追い払うという赤い小豆の「冬至粥」を食べ、柚子を浮かべたお風呂に入るなどを古くから行っていました。江戸時代から、銭湯でも柚子湯を始めとして「丁子湯」「桃葉湯」「菖蒲湯」などのサービスがありました。薬効はもちろんのこと、新しい強い魂になるという禊《みそぎ》の意味もあったそうです。魂といえば、北海道の先住民族アイヌの人々が熊の肉や毛皮をいただき、その後、熊の魂を神の許へお返しするという「イヨマンテ（熊祭）」も冬の季語です。魂を送る、魂を新しくするなんて、現代では考えもしないアイデアです。ちょっと言葉は違いますが、心が折れる、元気をもらうなどのイマドキの言葉もまた、魂の摩耗やメンテナンスを意味しているのではないでしょうか。

二個百円の柚子なら十個浮かべても五百円です。皮を少々削いで、お湯にぷかぷか浮かべれば、高い香りに邪気も吹っ飛び心もリフレッシュ。運が向いて来るかもしれません。そう思えば、安いもんかもね。念のため、「柚子湯」は冬の季語ですが、「柚子」は晩秋の季語です。

■使用例

赤ちゃんと一緒に入る柚子湯は最高です。柚子も赤ん坊もぷかぷか、ぴかぴか。

柚子湯に入ると、まるで自分がお吸い物の具になって、お出汁に浸っているみたい。

生活

雪《ゆき》吊《つ》り

視覚 50
聴覚 30
触覚 10
連想力 10

果樹や庭木が雪で折れるのを防ぐため、幹の近くに支柱を立て、縄などで枝を吊って保護します。金沢の兼六園が有名ですね。雪吊りの縄目と雪の対比がこよなく美しく、そのうえ雪吊りという言葉そのものが綺麗なので使ってみたいと、いつも思っておりますが、なんせ俳都松山が本拠地のわたくし、中々チャンスがありません。雪吊りの本場にお招きいただければ幸いでございます。ところで東京新宿の甘泉園公園でも松の雪吊りが行われるそうです。東京とは思えぬ雪国のような雪景色になるとか。これは是非行ってみたいですね。

■使用例

北風の強い日は、雪吊りの縄が一斉に動いて、大きな楽器の弦を奏でているようです。

植物

枇杷《びわ》の花《はな》

視覚 50
触覚 20
嗅覚 10
連想力 20

思い起こせば実家の庭に枇杷の木がありました。目の前が海でしたから、登って食べた黄色い実も、深緑の広い葉も、固まって咲く白い花も、みな潮風とセットで私の記憶に残っています。

「職業の分らぬ家や枇杷の花　正岡子規」そう言われれば、山茶花の咲く家は普通の勤め人の家で、枇杷の咲く家は画家や音楽家が住んでいるようなイメージがしないでもありません。ちなみに私の父は、瀬戸内海と太平洋が出会う四国の南西寄りの半島のつけ根の、穏やかな小さな入り江の村の郵便局長さんでした。

■使用例

ちょうど二階の窓の辺りに、確か枇杷の花が咲いていました。

行事

クリスマス

視30 嗅10 味30 触10 聴10 連10

クリスマスとは「キリストのミサ」を意味し、キリストの生誕を祝って十二月二十五日に行われます。が、キリストは二十四日夜に生まれたので前夜をクリスマスイブと言ってミサを行うのです。サンタクロースは聖ニコラウスから転訛《てんか》したもの。クリスマスは聖夜、クリスマスツリーは聖樹、クリスマスキャロルは聖歌、クリスマスケーキは聖菓、ほら季語らしくなりますね。

「木の魚の眼は失せぬクリスマス　夏井いつき」使い古しても聖樹飾りは捨てられません。年々懐かしい思い出に。

■使用例

今年は生木の聖樹を立てています。家中に樅の木のよい香りがします。

column
いろいろ使ってみよう

クリスマスに関連する季語

ハッピーホリデイ！

日本ではサンタさんがプレゼントを届け、クリスマスケーキを食べる日ですが、海外では人種や宗教により祝い方そのものが違うため、メリークリスマスと言わず、ハッピーホリデイと声を掛けるのが普通だそうです。家族や親しい友が集まり家庭料理を味わい、腕を組んでミサへ、雪降る街に響くのは聖歌だけ。昔の日本のお正月みたいな感じですかね。

聖樹：聖樹を居間に立てると、お星様が天井に届きそうです。

聖歌：白衣の聖歌隊が病院のロビーに並び聖歌の大合唱です。

聖菓：聖夜にケーキを焼くと、聖菓らしくなるのが素敵です。

晩冬

一月五日頃の小寒から、二月四日頃の立春の前日までが晩冬。
トンネルの先の光のように、少しずつ春らしさが現れてくる頃です。

時候

節分《せつぶん》

視覚	40
味覚	10
聴覚	5
嗅覚	5
触覚	5
連想力	35

節分とは、本来、季節の移り変わる節目を意味しますが、だんだん、冬から春に移る時、つまり立春の前夜のことを「節分」と呼ぶようになりました。陰陽道では古くから節分を重んじ、豆撒きや柊を門戸にさす行事があったそうです。現代でも、鬼は外、福は内、と呼んで「豆撒き」をしますね。柊の串に焼いた鰯の頭を刺し門戸に飾ることもします。神社で行われる夜の「追儺《ついな》（鬼やらい）」は、松明《たいまつ》に照らされ歩く赤鬼に子ども達が泣き叫び、中々の迫力です。お母さんに抱かれあまりに泣き叫ぶ女の子に、鬼がこっそり顔を見せ、「みいちゃん、ごめんごめん、おじいちゃんやで」と言い訳している場面に遭遇したことがあります（笑）。鬼に投げる豆は「鬼打の豆」と呼び、年の数だけ食べるので「年の豆」とも呼ばれます。

■使用例

たとえ雪の中でも、節分をお祝いすると、春らしい明るい気持ちになります。

節分の翌日、家の中に豆がたくさん残っています。福は内、をやり過ぎました。

天文

雪《ゆき》

視覚 40
触覚 30
聴覚 5
嗅覚 5
連想力 20

雪は山に咲く稲の花に見立てられ、「豊年の瑞（しるし）」といわれていました。

富士山などの山岳に伝わる「農鳥《のうとり》」は、鳥の形の残雪が見えたら田植えをするという瑞です。

六弁の花のように結晶する雪を「六《むつ》の花」とも呼びます。　春の花、秋の月、夏の時鳥《ほととぎす》、冬の雪は四大季語と呼ばれます。

南国では雪は珍しい景物ですが、雪国では大雪が厄介な神のように思えることもあるでしょう。

雪のため明るい闇夜は「雪明《ゆきあかり》」、さらさら乾いた「粉雪」、積もりたての「新雪」、春まで残る「根雪」、木の枝から垂れ下がる「雪紐《ゆきひも》」、屋根から落ちる「しずり雪」、谷崎潤一郎の小説で有名な「細雪《ささめゆき》」、一面に雪の蒲団をかけた「衾《ふすま》雪」、と雪の名前は果てしなく続きます。

「いくたびも雪の深さを尋ねけり　正岡子規」

「馬をさへながむる雪の朝かな　松尾芭蕉」

最初の句は、子規が病床から問う雪。あとの句は、骨が野晒しとなる覚悟の芭蕉が出発の朝に見た雪です。

■使用例

山小屋で夫が熱を出し、窓の雪を取っては一晩中冷やしたことを懐かしく思い出します。

雪だるまを作り始めたら、すっかり雪掻きを忘れてしまいました。

雪

雪が降らない地域でもニュースなどからトピックを見つけてみましょう。

俳都松山市では毎年夏に「俳句甲子園」が、冬には大人のための「まる裏俳句甲子園」が行われます。この決勝戦の季語が毎年「雪」と決まっております。

南国愛媛から雪の名句を毎年発信し続けているのは、私達の誇りでもありますが、参加者の方々は相当苦吟されているようです。石鎚山という四国一高い山に登ったり、白猪《しらい》の凍滝《いてだき》まで雪中行軍したり、それでもまだ雪女の手も借りたいという状況のようです。

「雪女ことことここへ来よ小鳥　夏井いつき」
「雪眠し呼ぶ声のごと汽笛過ぎ　加根兼光」

風花《かざはな》

晴れた晩冬の日にちらつく雪です。また一度降った雪が風に吹き起こされて空に舞い上がることもこう呼びます。

一度言ってみたかったんです。好きな人と散歩しながら、あ、風花、って。

雪催《ゆきもよい》

天が重く雲が低く垂れ込め、今にも雪が降りそうな空模様をいいます。雪深い地方では恐ろしく暗い空の表情です。

山形に出張中です。雪催の町はがらんとして、街路には車一台通りません。

雪女《ゆきおんな》

雪国の幻想譚ですが、カテゴリーは天文。「深山の雪中、稀に女の貌を現ず」と、気象現象ともみなされるからです。

こんな寒い所で残業をしているのは世界中に私一人か、あとは雪女くらいでしょう。

植物

寒椿《かんつばき》

視覚50
聴覚30
触覚10
連想力10

冬の間に早咲きする椿です。芭蕉時代から、梅や椿の早咲きに春を探す風流が深まってきました。特に雪中や寒さの中で、きっぱりと赤く咲く姿が賞美されます。

「寒椿力を入れて赤を咲く　正岡子規」

私は『子規３６５日』という拙著の中で、〝下五が「赤く」だとしたら全くいただけない。「赤」という色の存在を賭けて「赤を」咲いてみせるという意志が、この句の眼目。俳句はその短さゆえ、助詞一つが成否を左右する〟と書きました。寒椿の赤を全身で感じてください。

■使用例

まだ生きているような寒椿を掌にのせると、その赤がじかに伝わってきました。

動物

白鳥《はくちょう》

視覚60
聴覚15
嗅覚5
連想力20

寒い水の上に浮かぶ姿、静かに水を進む姿は優美としか言いようがありません。サンサーンス作曲『動物の謝肉祭』の十三曲目、ピアノとチェロの演奏で知られる『白鳥』を聞くと、白鳥の細かい足の運びや伸びやかな羽根の動き、また漣《さざなみ》の音や光までがよく感じられます。一方、岸辺でばさばさ喧嘩したり、がうがう鳴いたりする現実の白鳥は、音楽の中のそれとは全く異なり、なんというかとても庶民的です。子ども達と一緒に絵本や音楽に親しんでから本物の白鳥を見に行くか、その逆にするか、このうえなく楽しい悩みです。

■使用例

白鳥の群にいると、羽音の唸りや羽根の風を感じます。童話のいばら姫になったよう。

正月の表現とは

日本には実は季節が5つあります。新年という季節には多彩な季語があります。

俳句における季節区分は、春夏秋冬に加えて、「新年」が五つ目の季節となります。新年の表現はと言いますと、ひたすら季語を体験してみるところから始まります。なんたって一月一日から三十一日までの間に、季語がおよそ五百もあるんです。そのほとんどが正月七日間、そして小正月の十五日までに詰め込まれていますから大忙し。「一日、二日、三日」……と一日ずつが季語となっていて、これを「三が日」と呼べばそれまた季語。一日から七日まで「鶏日、狗日、猪日、羊日、牛日、馬日、人日」と生き物の名が当てはめられている季語もあります。

「お飾り」「おせち」「鏡餅」の中にも色々な季語が詰まってますね。「初日の出、初空、初凪、初湯、初夢、初電話、書き初め」などなど正月の物事すべてに初がついてるから、新年気分、嫌でも盛り上がります。新年早々降る雨を「御降」と呼び、正月に出る鼠は「嫁が君」なんて言い替えたり、年末の疲れがどっと出て元日から寝込んじゃったお母さんにもやっぱり「寝正月」というめでたい呼び名がいただけます。正月番組に飽きたら歳時記を開いて、あれもこれもと正月の季語を子や孫たちと宝探しみたいに家中を探して歩くのも、面白いゲーム。とはいえ、やはり「お年玉」という季語が一番見つけて嬉しいものでしょうね（笑）。

生活

初夢《はつゆめ》

視覚 5
聴覚 5
嗅覚 5
触覚 5
味覚 5
連想力 75

一日の夜から二日の夜にかけて見る夢によって一年の運勢を占う習わしです。「初夢の金粉を塗りまぶしたる　高浜虚子」めでたいような怖いような夢、吉夢なのでしょうか？　吉夢を見るためには、「宝船」の描かれた絵を枕の下に敷いて寝るとよいそうです。凶夢を見ないために、獏の描かれた絵を敷いて寝ることを「獏枕」といいます。中国の古い俗説に、獏は夢を喰う獣といわれているからです。吉夢の代表は、「一富士二鷹三茄子《なすび》」といわれますが、一アルプス、二カラス、三胡瓜じゃ駄目でしょうかね。駄目だね〜（笑）。

■使用例

凶夢を見ないように獏枕をして寝たら、獏の夢を見てしまいました。

動物

嫁《よめ》が君《きみ》

視覚 30
聴覚 30
連想力 40

正月三が日に見かける鼠を、嫁が君、と言い替える風習です。鼠は「寝積」に通じ、縁起が悪い忌詞《いみことば》だと避けられた、という俗説があるそうです。日本の都会で暮らしていれば滅多に鼠を見かけないでしょうが、地方の一軒家などではまだまだ身近に出現します。妹の一家が住んでいたNYのアパートでも、トムとジェリーの漫画そのままに猫と鼠の追いかけっこが見られたそうです。鼠は、『古事記』の中で大国主命《おおくにぬしのみこと》の命を助けた賢い生き物、大黒様のお使いです。大晦日に鼠の形の餅を作り、鼠を祭る地方もあるとか。

■使用例

ペットのハムスターを、嫁が君、と呼んでみました。ちょっぴり寂しい僕です。

時候

去年今年《こぞことし》

視覚 20
聴覚 20
連想力 60

コゾコトシと声に出して読むと面白いですね。「去年今年貫く棒の如きもの　高浜虚子」この句は、昭和二十五年に新春放送用に詠まれたとあります。テレビは実験放送期ですから、新春ラジオ放送で発表されたのでしょう。耳で聞くのと字を見るのとは違った効果があると思いませんか。言葉の音やリズムも大切にしましょう。さらに、「貫く棒の如きもの」って何だろう？　信念だろうか、仕事だろうか、情熱だろうか、人生の枷《かせ》だろうか、と色々と想像を広げ、連想力を働かせることもまた、心の柔軟体操になります。

■使用例

コゾコトシ、コゾコトシ、難しい言葉を覚えた息子は冬の虫のように繰り返しています。

天文

御降《おさがり》

視覚 40
聴覚 20
嗅覚 10
触覚 10
連想力 20

元日、または三が日に降る雨や雪をいいます。正月早々生憎《あいにく》の雨で……とは言いたくありませんよね。御降に恵まれ、という方がずっとおめでたい。御降の別名に「富《とみ》正月」があります。正月に雨や雪が降ると豊年になると信じられていたことからきた季語です。正月は、初明りに、初空を仰ぎ、初日を拝み、初晴も御降も喜び、初霞を愛で、初風を聞き、初凪を眺め、すべてのものに「淑気《しゅくき》」を感じます。瑞祥《ずいしょう》（吉兆）に満ち満ちた空気です。正月に降る雨をおめでたいと感じる、あなたの心も淑気に満ちてきます。

■使用例

御降が町じゅうを包んでいます。傘をさして初詣に行きましょう。

生活

餅花《もちばな》

視覚60
触覚10
連想力30

正月十四日に、みずき・柳・榎などの枝に、小さく切った紅白の餅をさしてゆき、花が咲いたように見せる正月の飾り木のひとつです。これはたいそう美しいものですから、ぜひご覧になるとよいと思います。小正月に東北に旅行して民宿に泊まれば、「餅花の高々とある炬燵かな　高浜虚子」の句のような場面が見られるかもしれませんよ。

餅花の形が稲の穂を模しているので、稲穂と呼ぶ地方もあるそうです。同じく「繭玉」は、繭の形に切った餅や団子を若木の枝に飾りつけ、繭の豊収を祈る縁起物です。

■使用例

子ども達と餅花パーティーを計画。お母さんちに、小さな餅つき器なかったっけ？

生活

歌留多《かるた》

視覚50
聴覚20
触覚20
連想力10

正月の室内遊びの代表です。もとは平安時代の「貝合わせ」が始まりとされています。絵や歌をかいた三百六十個の貝を左（出し貝）と、右（地貝）に分けて並べ、二つ合わせて取る遊びです。私も、正月休みに帰省していた叔父叔母に教わり、小倉百人一首を取って遊んだ思い出があります。父と母が交代で読み手をしてくれました。読み手によって節回しが少し違うのも面白く、父の声がよいのでうっとりと聞き惚れ、得意な札をうっかり取られてしまい悔しかったこと。小さい子達は次の間にて「いろはがるた」で遊びます。

■使用例

実家では正月に歌留多を取りましたが、嫁ぎ先では麻雀を覚えました。

時候

元日《がんじつ》

視覚40
聴覚10
嗅覚10
触覚10
味覚10
連想力20

年の始、月の始、日の始ですから、三つの始で、三元という言い方もあるそうです。「鶏日」とも呼びます。六世紀の半ば頃に撰集された中国の荊《けい》楚《そ》（現在の湖北・湖南省）地方の書物に、「正月一日を鶏日、二日を狗日、三日を猪日、四日を羊日、五日を牛日、六日を馬日、七日を人日という」とあることからきています。各日には各動物を屠《ほふ》らず、人も死刑にしない、とあるそうです。そう聞くと逆に恐ろしくなりますね。動物園はたいがい二日から開園するところが多いと思いますので、干支の動物だけでなく、正月七日の動物達

（人間含む）を見て歩くのも、縁起がよさそうです。おせち料理の重詰をひとつひとつ味わうように、正月の季語をひとつひとつ堪能してください。

「元日や人の妻子の美しき　桜井梅室」梅室さんは、晴れ着に着飾り、初詣に出歩く人妻や人の子をあれこれ眺め、ああ、美しいなあ、おめでたいなあ、と正月気分にひたっています。幸福な人ですね（笑）。「赤ん坊おとさぬやうにお元日　夏井いつき」元日にはとにかく縁起のよくないことは一切避けたいものです。孫なら特に、宝物みたいに思えますよね。

■使用例

元日より新日記を始めます。一日一句の十七音日記に挑戦です。

二日、電車に初乗りして初湯に行きました。いい初夢を見られそうです。

行事

七種《ななくさ》

味覚50
視覚30
嗅覚10
触覚10

正月七日の粥に七種の菜を入れる風習です。最近では食料品店で七草の少しずつ入ったセットが買えます。摘み草に行かなくても済むのは便利ですが、自分で摘んだ菜を叩いて刻んで入れるのは、格別の楽しみでもあります。

「芹《せり》、薺《なずな》、五行《ごぎょう》、繁縷《はこべら》、仏《ほとけ》の座《ざ》、菘《すずな》（蕪菜）、蘿《すず》蔔《しろ》（大根）」が春の七草といわれますね。これらの菜を六日の晩に、俎板の上で叩きながら、「七種なずな唐土の鳥が日本の土地に渡らぬさきに七種なずな」と囃し言葉を唱えながら打つのだそうです。もとは鳥追いの歌であろうと思われます。

地方によっては、七歳の子が、七日の日に、近所の七軒を回り、七種の雑炊をもらって歩く「七種貰い」というお祝い事もあるそうです。

「七種やあまれどたらぬものもあり　加賀千代女」

あれ、芹がぜんぜんなくて、菘ばかりこんなにある。だけどまあ、よしとしましょう、お正月なんですから笑っていただきましょう、なんて肩をすくめて、にっこりと微笑む千代女さんの白い尼姿が浮かんできます。

■使用例

娘に七草を見せ、ひとつひとつ名前を言いながら叩いて、お粥をつくりました。

菜っ葉七種類あればいいんだろうと、夫が買ってきたのは冷凍食品のグリーンばかり。

行事

左義長《さぎちょう》

視覚50
聴覚10
嗅覚10
味覚10
連想力20

「とんど、どんど、どんどん焼き」といわれる小正月の火祭です。古くは「三毬杖」と書きました。毬杖（ぎちょう）と呼ばれる三本の竹や木の棒を三脚に立て、そこに門松や注連飾りなどを結わえて火を焚きあげます。煙に乗ってお正月様が帰ると考えられていました。この火で餅や団子を焼き、燃えさしで吉凶を占う地方もあります。「吉《きっ》書《しょ》揚《あ》げ」という行事もあります。書き初めをした紙を燃やし、燃えさしが高く上がると上達する、といって喜ばれます。まるでハリー・ポッターに出てくる占い学の講義みたいですね。

■使用例

雪の上でどんどん燃やすどんど焼き、上からもどんどん雪が降ってきます。

時候

松過《まつすぎ》

視覚20
触覚20
連想力60

門松や注連飾《しめかざ》りを外すと、お正月気分が抜けてゆきます。平常に帰りほっとする気分もあり、寂しさもややある頃。主に関東では六日の夜に松飾りを取るので七日過ぎが松過、関西は十五日過ぎが松過にあたります。「松過の喉に小骨の立てりけり　夏井いつき」スーパーで買う魚にはあまり骨がありませんが、釣って来た魚をつくって食べると、たまに小骨が喉にささります。ご飯を噛まずに飲んで骨を取ります。いかにも平凡で忙しい日常が戻った実感を呟いてみたら、こんな一句になりました。

■使用例

松過というのに、お正月気分の抜け切らない商店街をぶらぶら歩きました。

おわりに

たまたま生まれた国が日本であり、当たり前のように日本語が話せる自分に感謝するようになったのは、俳句を始めてからでした。俳句の世界には、「季語」という美しい言葉が生きています。例えば「青嵐」という爽快な風の名、「亀鳴く」という空想的季語の味わい、「嫁が君」という季語のユーモア。さまざまな言葉と出会うことで、母国語である日本語の奥行きと多彩に、静かな感動を覚えずにはいられません。

俳句を作る作らないにかかわらず、デスクの傍らに一冊の歳時記を置いてみませんか。そこから始まる豊かな日本語の世界を、ご一緒に味わってみませんか。そしてその歳時記の傍らに、本書もそっと寄り添わせていただけたら嬉しく。

打合せをする度に、季語の楽しさに声を上げて喜んでくれたワニブックスの皆さん、ありがとう。ご提案いただいたおかげで、実に楽しい仕事となりました。そして、資料作りから使用例のアイデア、姉妹書簡まで共同作業を嬉々としてこなしてくれた、我が妹ローゼン・千津さん。こんなに役に立つ妹だということを、この歳になって始めて知りました(笑)。また一緒に仕事させてね。ありがとう、皆さん!

夏井いつき

［STAFF］
執筆協力　ローゼン千津
構成　鷲頭文子（Wild Berry）
デザイン　酒井直子（ブラン製作所）
イラスト　廣田明香
協力　有限会社マルコボ.コム
株式会社夏井＆カンパニー
校正　玄冬書林
編集　吉本光里、有牛亮祐（ワニブックス）

夏井いつきの 美しき、季節と日本語
著者　夏井いつき
2015年11月 8日　初版発行
2017年11月10日　7版発行

発行者　横内正昭
編集人　青柳有紀
発行所　株式会社ワニブックス
〒150-8482
東京都渋谷区恵比寿4-4-9　えびす大黒ビル
電話　03-5449-2711（代表）
03-5449-2716（編集部）
ワニブックスHP　http://www.wani.co.jp/

印刷所　株式会社美松堂
DTP　株式会社アレックス
製本所　ナショナル製本

ISBN978-4-8470-9390-6